活得越通透，靈魂越自在

李筱懿　著

高寶書版集團

目錄

Contents

第二章　自省

第三章　自律

第四章　自修

目錄

Contents

第六章　自如

第七章　自然

目錄
Contents

第九章 自信

目錄
Contents

第十章 自在

前言　過好生活的基本功

謝謝你打開這本書。

從二〇一四年出版第一本書《靈魂有香氣的女子》到二〇二二年年底寫完這本《活得越通透，靈魂越自在》，倏忽八年過去，我也做了很多嘗試：寫了八本書、創了公眾號、拍攝影音節目、成立女性文化公司、參與投融資、建立女性讀書社群等等。

這八年時光相當充實，快節奏的生活經常讓我感嘆彷彿過了半生，也讓我感慨的確一切都有可能，尤其感謝你們的陪伴，讓我能夠從寫作這個起點，走向更開闊的世界。

記得很多年前，我看過一段採訪，有人問中央電視臺當時的著名製片人陳虻：「什麼樣的編導是優秀的編導？」陳虻回答：「我衡量一個編導，不是看他做得最好的片，而是看做得最差的片，最差的片子是什麼樣子的，才代表這個人的水準。

最好的片子說不定是蒙中的，你說你打一槍，砰，打到十分了，蒙的吧。假如最差的一槍都能打到八分，那才代表水準是真的很高。」

他說的是扎實的基本功。

就像那些很厲害的人，大多數一直在踏踏實實做自己應該做的事，他們厲害在於錯誤率低，而不是偶爾打出了幾個驚天動地的好球。面對生活，我們究竟需要哪些基本功呢？能不能把基本功列舉出來，方便大家記憶和使用？這是我寫《活得越通透，靈魂越自在》這本書的初衷。

這本書是我從二十歲到四十四歲的思考和轉變，我把這些細細整理成一百項「基本原則」，其中既有務實的方法論也有婉轉的心路歷程，既有跌宕的故事也有篤定的感觸，感謝你允許我像個姐妹一般，娓娓道來，坦誠相待。

那麼「自在」究竟是什麼樣的狀態？

我想那是「找到自我」之後特有的樣子。「尋找自我」的過程會經歷很多事、見很多人，從迷茫到清晰不斷調整自己，最終確信自我的存在感與價值感，在自己感興趣的、認為重要和有意義的事情上有所成就。所以，《活得越通透，靈魂越自在》也是一本陪伴你探索自我的書，十個章節分別是：自主、自省、自律、自修、自洽、自如、自然、自癒、自信和自在。

每個章節有十個相關的故事，盡量包括有用的技巧和多元的視角。寫作時，我時常在思考，同樣的問題，二十歲的我是怎麼處理的，換成今天四十四歲的我又會怎樣處理？必須承認，處理方式差別真的很大。比如，四十歲的我積極主動，主動思考、主動行動、主動復盤[1]、主動解決問題，二十歲時可不是這樣。我經常會覺得「算了」、「等下一次吧」，這些念頭和行為塑造了我當時怯懦的性格，弄丟了很多機會，做錯了很多決定。被現實逼到角落，我才被迫「優化」自己的性格。

探索自我的過程中必然碰上很多挫折和曲折，例如婚姻，我們從中獲得什麼，又將付出什麼？為什麼越來越難得到幸福的婚姻？只有放棄對愛情的期待才算「人間清醒」嗎？例如溝通和表達，為什麼心地真誠講話卻那麼難聽？厚道人遇見尷尬事就活該忍受嗎？怎樣提高快速反應能力？例如職業，談條件很難嗎？怎樣為自己爭取資源？怎樣找到自己的「貴人」？

這都是很現實的問題，不解決現實問題，人無法達到「自在」的狀態。

1　棋類術語，對局完畢之後分析棋局的過程和結果，此指回顧工作上的表現，從經驗中學習、成長。

如果你二十歲，覺得自己很困惑，這本書裡或許有一些媽媽不會告訴你的生存法則，絕不是媽媽不夠智慧，而是他不忍心讓你瞭解太多人心的複雜。可是經歷幽暗往往是遇見光明之前付出的代價，所以我想坦坦白白地將人性的幽深分享給你。

如果你三十歲，感覺自己遇到了瓶頸，這本書裡或許有一些打破玻璃天花板的方法。當我坦坦蕩蕩寫出自己的經歷，你可能馬上有了共鳴和信心，在山重水複的時候加油向前，走到柳暗花明。

如果你是四十歲或者以上，是我的同齡人，我們會在讀這本書時會心一笑，感慨一句：「原來你也這樣想。」

的確，與「成熟」相比，我更喜歡「自在」，這是一種不經意間「輕舟已過萬重山」的開朗與豁達。

「自在」不是不爭、不搶、不在乎，那是放棄；「自在」是掌握了基本方法之後，變得通情達理，還能完成想做的事情。

「自在」不是想怎樣就怎樣，不管不顧別人的感受，那是任性；「自在」是在明確原則之後，張弛有度，不緊不慢地解決問題。

我始終記得《寧靜禱文》中所說：「請賜給我雅量，平靜接受不可改變的事；賜給我勇氣，去改變應該改變的事；並賜給我智慧，去分辨什麼是可以改變的、什麼是不可改變的事。」

這三句話說得多好，基本概括了世間百態，積極而又平靜，而這就是我心目中「自在」的樣子——與幸福慢慢相見，內心安然。

你的朋友　筱懿

二〇二二年十二月

第一章 自主

01 主動與不主動，資源相差三十倍

這是我唯一後悔的事。

這件事發生在二十年前，我二十四歲，有一次行業會議上遇到獵頭，問我願不願意去一家非常有名的公司做總經理祕書，至少可以先去面試。這是一個特別好的機會，但也意味著我要放棄當時穩定的工作和熟悉的城市。我糾結很久退縮了，原因現在聽起來肯定特別可笑，我還沒有面試，就把自己從頭到尾否定了一遍——從身高到英語程度，從性格到專業能力。

獵頭是個和我年齡差不多的男生，他無法理解，對我說：「李筱懿，在別人否定你之前，請不要先自我否定可以嗎？請主動一些可以嗎？沒有任何機會會對你三請四邀。」

我有點慚愧，但還是沒有去這家公司，按部就班繼續當記者。

五年後，我二十九歲，這家公司的創辦人來到我所在的城市出差，非常巧，就是我採訪他。我聽著公司飛速發展的現況，看著一疊背景資料，內心感慨萬千。

採訪結束後，我開玩笑地對創辦人說：「五年前我差點成為你的祕書。」

他馬上說：「現在你依然可以這麼做，要試一下嗎？而且職級比祕書還高，是總經理助理。」

我沒想到他的反應居然這麼快，結結巴巴地回答：「啊，我想想，報社對我還滿好的。」

他搖搖頭說：「機會不會等你第三次。」然後告訴我：「當年挖你的那個獵頭男孩現在是他這個領域頂尖的人之一。」

創辦人走了，完全沒有像電影裡那樣，留下名片說：「如果你想通了，隨時來找我。」我再一次錯過了加入高速發展行業的機會。

在接下來幾年，我經歷了報紙媒體的衰落、職業的天花板，非常難熬，但是我的性格徹底變了，活成一個胸口寫著「勇」字的人，非常積極主動。

主動不是莽撞啊，在我的理解中，主動思考、主動行動、主動復盤、主動解決問題才是真主動。不知道該不該做的事就去做，大不了做錯了總結教訓，也好過事後後悔；不知道該不該結交的人就去認識一下，覺得不合適再走開，總好過先入為主的判斷。

有句話說：「主動與不主動之間，生命資源相差三十倍。」

我想可能相差會更大，因為前面的每一步都是後面的基礎，前面差三十倍，後面有可能放大成九十倍。如果真的做事，我其實不太鼓勵別人慢慢來，因為我們這個時代的節奏非常快，**主動把握機會，快速試錯，才會高效升級**。

分享我自己的比例：凡是我主動爭取的事情，百分之七十都達成了，這些完成的事情就像一個個階梯，把我送到另外一個層面，現在的我和十年前的自己，思維上幾乎不再是同一個人。

「慢慢來」這句話沒有錯，但它說的是耐心，而不是主動性。二〇二〇年疫情之後，幾乎所有行業、所有人都受到影響，但我們依然可以主動調整狀態，主動安排工作和生活，而不是被動接受資訊。

把這篇文章放在這本書的第一篇是我有意為之，三十歲以後，我們得學會「靜若處子，動如脫兔」，**等待機會時充滿耐心，遇見機會時毫不猶豫**。

主動而充實的人，才會成為這個時代的幸運兒。

02 與其「被喜歡」，不如「被需要」

剛工作時，我很希望自己人緣變好，每次出差都會帶小禮物給同事，盡量讓所有人滿意，但是我的女上司卻對我說：

「我希望你把更多的精力放在工作上，你來公司不是為了交朋友，而是用業績說話，不要花太多精力去討別人喜歡。別人不喜歡你有三個原因。

第一，你確實有一些不討人喜歡的習慣，這個你可以自省後修正。

第二，你不符合別人的價值觀，這個你改不了，因為世界上每個人都有自己的價值觀，你不可能討好所有人，所以，觀念合拍就相處，不合就保持距離。

第三，很多人不喜歡你是因為你得到他們沒有得到的東西，小到一個停車位、一件好看的衣服，大到一次升職、一個幸福的婚姻都是。

如果你明白這三點，就不會把重心放在別人身上，而是做好你自己。」

我後來的經歷，無數次證明女上司的話是對的。

與其「被喜歡」，不如「被需要」、「被尊重」、「被信任」。

「喜歡」是孩子之間的交友方式：我把愛吃的零食和玩具給你，這樣你就會喜歡我了，我們就是好朋友。你也要跟我分享好吃的、好玩的，你只能對我好，如果你比較常和別的小朋友一起玩，我們就不是好朋友了。

成年人之間，你平時是對我不錯，我對你的印象也很好，但在重要問題面前，僅有「感覺」是不夠的，成年人更看重自己的利益訴求能不能得到保障。所以，社交關係中，**與其耗費心力討別人喜歡，不如做一個在某些方面很有用的人**，被別人需要。利益對等的關係，比「感覺好」更長久。

03 放棄之前，努力三次

我的第二本書叫《美女都是狠角色》，合約的首刷量是三萬冊。

二〇一五年，我剛因為第一本書《靈魂有香氣的女子》獲得「當當年中新書榜冠軍」，當時還是新人作家，銷量沒被市場長期驗證，三萬冊的印量已經挺好，但是我想再試試能不能提高到五萬冊，於是我向出版社提出：「《美女都是狠角色》的首刷量可以調整到五萬冊嗎？」

不是因為版稅多，而是出版社對印量五萬和三萬的書重視程度不同，我想爭取更多的重視和信心。

我拿出自己的計劃表，表示可以配合跑多少場簽售，給多少本書簽名等等，但是出版社沒有答應。

過了兩天，我再次爭取：跑簽售會的食宿只要提供最基本的，其餘超額的部分我會自理，讀者會的伴手禮我也可以自己準備。

結果，還是沒有回覆。

我不死心，再去。

我說：「當年珍．奧斯丁、古斯塔夫．福樓拜這麼偉大的作家還被退過稿呢，您出版我這樣新人作家的書雖然有風險，但我的進步空間還很大。」

我相信，一個人的認真、執著還有務實的行動是非常打動人的，最終《美女都是狠角色》這本書的首刷量是五萬冊，後來的銷售量遠遠超越這個數字。

我以前特別不敢承認，自己用盡全力去爭取某件事，但還是失敗了。如果跟別人承認我這麼努力還沒有做成，說明我笨或者衰吧。二十年前，大眾特別不欣賞女性卯足全力去做事，覺得女人成事最好的姿態是雲淡風輕，不經意就完成了。

喔，我多麼想具有這樣好運氣的「不經意」。

但，憑什麼呢？

九十七歲天文學家、中國科學院院士葉叔華曾說：「女性有什麼想法就去做，想要什麼就努力去爭取。」

我非常認同。

爭取機會是男性的動物本能，對女性卻是突破。美好的女性、美麗的女性一定都是「狠角色」，因為美好和美麗都不是唾手可得，都要費盡力氣去爭取和保護。

現在，放棄之前，我會努力三次。

三次仍然沒成功，可能是時機不對，或者我目前能力有限。

沒關係，至少我爭取過，至少我曾有三次接近了成功。

04 小善意，大幫助

出差時，我在杭州東站看到一個女孩，他坐在地上，哭得非常傷心。

我想，一個人完全不顧面子在公開場合放聲大哭，一定是心裡非常難受。旁邊人來人往，有好幾個人在他身邊停了一下，和我交換了一下眼神，但都和我一樣，不太好意思去問他：你需要幫忙嗎？

我很怕打擾他，就在他旁邊假裝看手機。他漸漸平復之後，我心懷忐忑地走過去說：「我就在你隔壁進站口，四點半的車，如果需要幫助，就來找我。」

大約過了二十分鐘，當我快上車時，女孩走過來說：「謝謝你問了我那句話，讓我好受很多，祝你一路順利。」然後，他在另外一個進站口驗票。

臨進站之前，他轉身對我揮了揮手，像一株舞蹈的樹。

我內心瞬間很暖。

作家余華說：「沒有什麼比活著更快樂，也沒有什麼比活著更艱辛。」人都會有突然崩潰的點，我以前覺得「幫助」這個詞就是總得做點什麼有用的吧，但高鐵站的女孩讓我深刻感受到，其實只要一句鼓勵的話或者一個溫暖的舉動，對方就會好很多。

不要吝惜表達簡單的感情，「你累了吧？」；「我有在聽你說」；「我知道你盡力了」；「我明白你的感受」這樣的話雖然沒什麼大不了，卻真的能溫暖人心。

表達，也是一種主動。

05 常做舉手之勞，不必踮起腳尖幫忙

我因為好心辦壞過一件事。

朋友的親戚生病，聽說我認識某位醫生，讓我去找這位醫生替親戚看病，其實我很為難。因為醫生是我的熟人，他幫助我已經是情分，而朋友的親戚等於拐了兩個彎，我認識的這位醫生並沒有情分提供幫助。我拗不過朋友的請求，還是替他聯絡了醫生。

結果，親戚嫌棄醫生不夠熱情，向我的朋友抱怨，朋友對我的幫忙沒有到位這件事心生怨念，於是我們因為這件尷尬的事不再來往。

我反省：**幫助別人量力而行，做不到就果斷拒絕**。這不是冷漠，而是冷靜。逞強幫忙，事情辦成了還好；如果辦砸了，不僅自己受罪，對方也不滿，這就違背了幫人的初衷。

舉手之勞，能幫就幫，是禮貌善良；能力之外，當拒就拒，是自知之明。

懂得拒絕別人，就避開了百分之八十的生活煩惱。

真正的朋友會理解你的難處，而強求你的人不值得做朋友。

很智慧的一句話是：常做舉手之勞，不必踮起腳尖幫忙。

06 條件交換

有句話叫「吃虧是福」，我其實不認同。吃虧就意味著受委屈、遭到了不公正的待遇，很多人願意吃虧的原因是希望在另外一方面交換到其他條件。

為什麼會吃到「虧」？很多細節都是在或明或暗的「談判」之中。談判在生活中很常見，並不只有工作裡才用得到，小到租房子談租約、家庭中的家務分配、孩子寫作業都得談判，本質就是條件交換，我有四點體會：

1. 知己知彼

知己知彼是任何談判的基礎，大到國與國之間的外交，小到家庭裡的口角，一定先瞭解清楚：對方到底想要什麼？可以做出哪些讓步？我們想爭取什麼？哪些是不能破的底線？

唐代劉餗在《隋唐嘉話》記載了一件事：宰相房玄齡的夫人不允許他納妾，唐太宗賞賜美人好幾次都被拒絕。於是太宗讓皇后召見房夫人，告訴他納妾是公卿家庭尋常的事情，如果不阻攔就罷了，再阻攔就賜死。房夫人不為所動，回答：「那就賜死我吧。」太宗怒賜毒酒，房夫人一飲而盡，沒有半點懼怕。後來太宗感慨：「這個女人，我都怕他，何況房玄齡啊。」

其實唐太宗賜的不是毒酒，傳說是一壺醋，「吃醋」的典故據說是由此而來。英明的唐太宗為什麼在猜測房夫人的底線這件小事上失算了？因為他根本不瞭解這位夫人，但房夫人倒挺瞭解他。

房夫人堅決的原因其實有兩個：第一，他生性剛烈，不允許丈夫納妾就是他的底線，不能破；第二，唐太宗的渴望是當一代明君，連大臣魏徵那種當朝諷刺都接受了，怎麼可能因為納妾這點小事真的賜死宰相的妻子？房夫人作為宰相夫人，還是具備這個大局觀的，他雖然性格剛烈，其實是個聰明人，他對自己的底線與別人的試探，內心挺明白。

在這裡，我留個伏筆，唐太宗還真不瞭解房夫人的性格，後面我再說一件事。

知己知彼的確是談判的基礎，電視劇《玫瑰之戰》裡有個片段。演員袁泉飾演的律師顧念為自己的辯護人爭取一百七十萬賠償，而這起筆記型電腦爆炸案中的生產廠商只願意支付十二萬，差距太大，根本沒辦法談。但是顧念查到一個細節，對方在處理類似賠償時只願意庭外和解，從沒有真正上過法庭——這說明對方更擔心事情鬧大，產品出現更大的負面輿論，現在的強勢可能只是虛張聲勢。顧念馬上調整方向，搜集更多有利資料，做出媒體直播的態勢，很快，廠商態度軟化，顧念最終為辯護人拿到一百五十萬賠償。

不虛高、不壓低，知己知彼，越瞭解對方，對自己的判斷越有幫助。

2. 以退爲進

使用的場景是談判進入僵持，假如不退讓，自己這方面未來損失更大，於是讓渡一點小利益，爭取更多的空間。我十多年前做報社廣告部主任，最常遇到價格談不攏的情況，客戶要便宜，我們要量大，怎麼辦？大家簽個保底數額，比如三十萬，達到保底三十萬的數額，再用最低價格執行。

談判都是有攻有守的過程，沒有無緣無故的退讓，以退為進的退讓、著眼未來的退讓才是值得的。

3. 按暫停鍵

使用的場景是該讓的也讓了，該講的也講了，依然毫無進展。怎麼辦？

那就暫停。

很多談判都是交涉與暫停交錯，把暫停當作方法，一邊讓己方思考得更清楚，一邊延長對方的等待，「拖得起」既是實力也是心態。國與國之間談條件，有可能暫停幾個月甚至幾年，普通人暫停幾天又有什麼關係？而企業談判，暫停期也讓彼此思考清楚，是否有替代方案？是否存在利益損失？

爭取有利條件的前提是有耐心。

4. 扔掉方向盤

例子非常經典：你和對手各開一輛車在單行道上迎面對開，誰先轉彎誰就輸。怎麼辦？諾貝爾經濟學獎得主、美國經濟學家湯瑪斯・謝林給的答案是：你搶先把方向盤拆下來，當著對方的面扔掉。這其實是讓對手看到你破釜沉舟的決心，把難題丟給他，讓他明白，只能他退，你就算想退也退不了了。

談條件有時候很殘酷，你比對方更不在乎，談妥的機率反而更大。而「扔掉方向盤」有個前提，對手得是個「理性人」，認知水準和你差不多，而不是和你差距太大或者很無知，甚至帶著要跟你同歸於盡的憤怒和仇恨。

「扔掉方向盤」還可以反過來，用來表達決心和信念。

我繼續講房玄齡夫人的故事：《新唐書》記載，房玄齡未發跡時，曾生過一次重病，生死未卜，很怕耽誤夫人就對他說：「假如我死了，你還年輕，不要守寡，一定要把自己安頓好。」結果怎麼樣？房夫人一言不發，刺瞎自己一隻眼睛，表明夫妻同心，絕不允許丈夫失去信心。房玄齡病癒後，終生都對夫人很好。

不知道唐太宗賜美人和毒酒的時候，有沒有瞭解過房夫人的剛烈往事？這種女子絕不可能被毒酒嚇退啊。唐太宗雖然大事睿智，但在房玄齡這件家事上、在與房夫人談條件的時候，還真沒有太大的勝算。

回到這篇文章的主題「條件交換」，假如你總是吃虧，總是把合理的利益讓給別人，這不是福氣，是沒有原則。**成年人該有的樣子是寬容卻不軟弱**，但是錙銖必較也無法獲得長久的合作，談判雙方各有所得，都實現了自己的核心權益，對邊邊角角的利益大度一些，更容易達成雙贏的結局。

一位熟識的投資人談判經驗豐富，也投出了好幾家獨角獸企業，在這篇文章的結尾，分享他的一句話：「我們接觸過的創辦人裡，有非常會談判的，有很能為自己爭取利益的，但最終好像發展得好的，大多是願意分錢、願意讓利、憨厚老實風格的人。」

附劉餗《隋唐嘉話》相關原文：

梁公夫人至妒，太宗將賜公美人，屢辭不受。帝乃令皇后召夫人，告以媵妾之流，今有常制，且司空年暮，帝欲有所優詔之意。夫人執心不回。帝乃令謂之曰：「若寧不妒而生，寧妒而死？」曰：「妾寧妒而死。」乃遣酌卮酒與之，曰：「若然，可飲此酖。」一舉便盡，無所留難。帝曰：「我尚畏見，何況於玄齡！」

《新唐書．卷二百五．列傳第一百三十．列女》原文：

房玄齡妻盧，失其世。玄齡微時，病且死，諉曰：「吾病革，君年少，不可寡居，善事後人。」盧泣入帷中，剔一目示玄齡，明無它。會玄齡良癒，禮之終身。

07 世俗成功所給人的自由

我媽媽有位同事的女兒從小就是學霸，還很多才多藝，鋼琴和朗誦都很棒，各種獎項拿到手軟。阿姨很驕傲，經常被學校請去作為「標竿家長」傳授經驗，於是這個阿姨習慣成自然，十分喜歡教導周圍不怎麼出息的孩子，比如數學成績極度惡劣的我。

他每次見到我媽都關心地問：「筱懿數學成績有變好嗎？」

我媽十分羞愧說：「哎呀，還是老樣子。」

阿姨就會提供一番經驗，只是阿姨的經驗讓我媽顯得十分尷尬，好像我不出息是因為父母教育失當；阿姨女兒的光彩照人也把我襯托得灰頭土臉，就像鶴立雞群，他是優美的鶴，我是平凡的家禽。

很多年過去了，有一次和媽媽通電話，他突然想起什麼似的說：「對了，我遇見那位阿姨，他不知道從哪裡看到你出書的消息，主動對我說『筱懿不錯，還出了幾本書』，這次非常謙虛，沒有一直提自己女兒，真是難得。」

我很理解，也很感觸。

華語辯論賽最佳辯手詹青雲說：「考上哈佛，我就變得自由了很多。我小的時候遭受很多打擊。老師覺得我很笨，當我成了年級第一以後，來告訴我該怎麼樣生活的人就少了一半。當我去香港讀書，後來考上哈佛，我就變得自由了很多。我之所以敢借這筆錢（指借一百萬去讀書）是因為我知道，讀完書以後，我有能力把這個錢再賺回來。**我覺得世俗的成功給人自由，就是給人不被其他人說教、影響的自由**。」

有點刺耳，但很真實。

我見過很多不符合主流道路的選擇，起初被所有人反對，但如果獲得了名利等世俗意義上的成功，別人的非議就會減少很多；還有一些不符合大眾的審美，一旦被權威認定是獨特的美麗，立刻變得光彩照人。

比如傳奇義大利女明星蘇菲亞．羅蘭，起初他的外貌不受青睞，大家說：「蘇菲亞．羅蘭長得太奇特了，長鼻子、寬顴骨、肥臀，這樣怎麼能當電影明星呢！」甚至建議他去整容，但被他斷然拒絕。

他十九歲那年爭取到主演電影《阿依達》的機會，電影大獲成功，他成為家喻戶曉的明星，從此，他的厚嘴唇不再被評價為「醜陋」，而是成為獨特的標誌。

德國哲學家叔本華說：「財富和地位可以保護智者免受小人的傷害。」連哲學家都瞭解得這麼透澈，普通人當然可以大大方方追求成功，坦坦蕩蕩擁有事業心，明明白白規劃未來，清清楚楚表達自我。

既與世俗同行，也不低於世俗。

08 逆襲必讀人生守則

專職寫作，是我人生的轉捩點。

二〇一四年，是我生命的分水嶺：那年，我的第一本書出版，同時，我辭掉報社看似穩定的工作，專職寫公眾號、做自媒體。這個本身已經高速發展的行業加速了我的個人成長，使我迅速獲得數十倍的能量，很多朋友都說：「傳統媒體受到新媒體衝擊，你這是逆襲了。」

在過去很多年裡，我想到「逆襲」這個詞，就會湧起一些感慨，尤其三點。

第一，當你做重大決策時，一定不要跟身邊人討論。

我三十六歲離開報社寫公眾號創業，父母非常反對，他們覺得報社是事業單位「鐵飯碗」，你都當媽媽的人了，別太折磨、別太累。我知道他們心疼我，辭職他們絕不會支持我。好朋友們也反對，他們說你不是創業，你是失業，哪有幾個中年人改行成功的？你可以在報社待著，反正不忙，一邊工作一邊寫自己的文章，旱澇保收，多划算！

父母和朋友為我考慮了最安全的路線，初衷是為我好。但是多少人全力以赴投入都未必能做成事，憑什麼我又追求穩定又想高收入，既不辭職也不全情投入，就能把事情做好呢？當時報紙媒體呈「斷崖式」下滑，辭職雖然是「主動失業」，但相比未來報社不堪重負而精簡人員，我是提前為自己爭取機會，於是我當機立斷選擇辭職，只是過了五年才告訴父母和朋友，那時我已經四十一歲了。

寫公眾號和創業的過程的確艱難，我每天早晨四點四十五分起床寫稿，回覆留言、跑簽售會、做讀書活動。有一天，我發現原來不願辭職的同事，因為傳統媒體受到衝擊，紛紛被迫離開，而我雖然辛苦，卻已經打開新的職業空間，我確定自己選對了。

時間才是最大的機會和成本，越親近的人越不希望你受累，然而哪裡有不受累的人生呢？走上坡路時，誰都是辛苦的。

第二，當你做了一個決定，這個決定能讓你變得更好，立刻義無反顧去做，完全不要理睬周圍的聲音。

不知道這樣說會不會顯得刻薄：很多人是口頭努力，行為放棄，他們不介意你努力，但是不甘心看到你努力的成果，不甘心你超越他們，總想把你拉回平庸，以便自己獲得心理平衡。所以，你一定要掙脫他們，全力以赴往你看準的方向走。

第三，當你憑藉自己的實力進入更高的層次，周圍的人群就變了。大家不會冷嘲熱諷你的努力，不會諷刺你在胡搞、瞎搞，而會用欣賞的態度鼓勵你，相互介紹資源，相互成全。你會發現，身邊到處是正能量滿滿的人，而不是吐槽你、打擊你和八卦等負能量。

我直到四十歲以後才明白，身邊人來人往，我們最終能保持的只有一個很小的圈子，在這裡你會因為自由而歡喜，與真正談得來的人交往。

逆襲最大的難度不是超越自己，而是不讓原本的圈子捆綁住你，不讓原先的思維禁錮住你，不讓原來的起點拉住你，努力飛到一片自己從未想像過的天空。

09　思路決定出路

小雅是我的健身教練，帶了我快四年。

二〇二〇年的疫情導致他工作的健身房倒閉，他改行到房地產業做銷售，晚間下班後帶我健身。

我問：「你為什麼去房地產業？與你的健身專業優勢沒有關係。」

他說：「目前房地產業待遇好些。」

我不同意，陪他分析。

第一，看到大趨勢。全民健身是國家的戰略目標，人民也越來越重視健康，疫情只是暫時影響，不要放棄一個趨勢很好的行業。

第二，看清核心競爭力。小雅是專業體育院校畢業，游泳、滑雪、衝浪和日常健身項目都很專業，圍繞自己的「能力圈增值」才會更有價值。房地產業眼下待遇再好，與核心價值有什麼關係呢？就像我，寫書是我的優勢，但是現在專業廚師薪水高，我要改行做廚師嗎？不要，我可以拍短影音，因為短影音是寫作的延伸，緊緊圍繞我的能力圈。

第三，看懂自己的優勢。很多女性都和我一樣，更願意選擇女教練，為什麼？因為日常運動是近距離接觸，女教練讓我更放鬆，隱私感更強。而女教練那麼少，未來一定更稀缺，人才同樣以稀為貴。

我和小雅分析完三點，他很快辭掉了房地產的銷售工作，專注在健身領域，通過了游泳教練考試，進修少兒體適能教學課程，參加滑雪職業技能培訓。這些項目的女教練非常少，他擁有很大的主動權去篩選學員，高素養的學員又帶給他更廣闊的工作機會，四年裡，他越做越好，成為高效的自由職業者。

別讓現在的思維，制約了自己五年後的發展。

思考未來時，請記得：**思路決定出路，態度決定高度，格局決定結局**。

10 不斷發現可能性

作家林青霞六十七歲時，被香港大學授予名譽博士，一同獲此殊榮的還有理論物理學家楊振寧院士。人們這才發現，他寫作已經十八年。可是，他高中畢業都沒考上大學，年輕時忙著拍戲，很少看書，作家亦舒曾打趣他不讀書沒文化，他自己也說平常菜單都要看很久。

息影後，林青霞用十八年磨出三本文集：《窗裡窗外》、《雲去雲來》、《鏡前鏡後》，文章還被收錄進《大學語文》教材。

怎麼做到的？

他不屬於天賦型選手，卻以寫作上的小學生自比，投入巨大熱情。

真實的寫作過程很枯燥的，如何衡量一個人是作家還是玩票，有三個非常重要的條件：一是長期從事寫作，二是穩定輸出的作品，三是足夠的社會認同和銷量。

林青霞寫得很忘我，每篇稿子改到四、五版，自己滿意了再小心翼翼問別人：「你覺得怎樣了，哪裡還需要再改？」甚至常常為了一個詞語、一個標點，不厭其煩地改上八次、十次。

作家白先勇說，林青霞寫作很認真，字字斟酌，有時廢稿撒滿一地。他熱愛結交文化界好友，四處拜師，向余光中、林燕妮、倪匡、張大春虛心求教寫作的訣竅，專程到北京拜訪季羨林先生。馬家輝、金聖華、董橋、蔣勳，只要是跟文學有關的朋友都被他纏著不放，挨個請教，彙報收穫，比如：「這兩天我在看沈從文」；「昨天，我在背〈蘭亭序〉」。

林青霞還愛書成癡，讀的大都是文化圈朋友推薦的難啃經典著述。香港中文大學黃心村教授曾在文章中說起：「他（林青霞）寫作讀書都習慣在夜深人靜時。凌晨合上書頁，會嘆一口氣說，真是捨不得去睡覺啊。一大早就打電話給朋友說：『你起床啦，急死人了，我有重大的發現，一夜讀下來，趕快跟你說了，我才能去睡。』」

朋友們提起一個細節，到林青霞家裡很震驚，因為沒有見過哪個女明星家裡堆了這麼多書，而不是衣服和化妝品。

專注研究中國文學的黃心村教授覺得，尤為難得的是——那樣密集的閱讀，再看林青霞的文字，如釋重負。那些書本沒有成為他的累贅和包袱，他的文字依然保持著純淨、清脆、流暢。

人們把林青霞作為「腹有詩書氣自華」代表，那是因為他真的讀過很多書，而且把這些書融進自己的思維、觀點和文字。「書卷氣」是讀書人身上特有的氣質，裝不出來。

人們也會用「歲月從不敗美人」形容他，容貌容易衰老，但五官的老去抵不過心衰。內心年輕，歲月才會手下留情，總想著「人生定型不再折騰」的人，很難體會五十歲轉型開闢新事業的熱忱和激情。

林青霞從演戲到寫作的轉身，對他來說只不過是做一行、愛一行，靠著認真、勤奮和熱愛想方設法做到最好罷了。

真正優秀的人，即使早已功成名就、財富自由，也仍然不斷探索各種可能性，去看見更多層面的世界。

第二章

自省

11 讓不自覺的人碰軟釘子

有人借用我的肌力滑行盤，輪子卡壞了，還回來時說聲「對不起」，但沒有任何補救的行為。我回：「壞了呀？沒關係。這個不貴，你幫我買個新的就好，我把連結傳給你。」對方愣住，賠了一個新的給我——的確是件小東西，也是件小事，但借用的物品完璧歸趙是最基本的禮貌，我不想忍耐這個無禮的行為。

這些年來，我被迫學會了讓不自覺的人在我這裡碰個軟釘子。什麼是軟釘子？就是態度良好，順著對方的想法名正言順地駁回去，讓他無話可說。

東漢詩人辛延年寫過一首不到兩百字的〈羽林郎〉，惟妙惟肖，賣酒的胡姬堅決而又得體，拒絕權貴家豪奴的調笑。

霍將軍門人馮子都調笑當壚賣酒的胡姬。胡姬只有十五歲，繫著長長的絲條，穿著大袖合歡衫，美麗嬌俏。馮子都白馬銀鞍氣派光華，他先是要酒喝，胡姬提著玉壺送上好酒。他再要佳肴，胡姬用金盤捧出鯉魚鱠來待客。沒想到，馮子都卻拿出青銅鏡贈給胡姬，並且不避諱男女的界限將青銅鏡繫在他的紅羅帶上。胡姬當場扯斷紅羅帶，退還銅鏡說：「男子總是喜新厭舊，而我們女子卻眷戀故人。人生就是這樣，相識有早有晚，人也有新有故；我對故人不會因為富貴或者貧賤而辜負。多謝您的好意，但是，您愛我也是白愛了！」

胡姬的行為和回答軟硬兼施，看起來很禮貌，其實布滿「軟釘子」，順著馮子都的行為見招拆招，沒有暴跳如雷的反擊，結論卻讓對方啞口無言。

我曾經做過十年銷售部負責人，在這個複雜的崗位既學會了「硬碰硬」也學會了給出「軟釘子」，這不是虛偽或者狡猾，而是處理方式更圓融。

有一次，我們部門和其他部門因為一個新客戶起爭執，我們簽了單，其他部門卻堅持這個客戶最早由他們聯繫，業務量要平分，我思考了過程和利弊之後回答：「特別感謝兄弟部門在這次業務中的支持和配合，但是，客戶簽約看重的並不是我們是哪個部門，而是報社的整體品牌。對於這個業務，我有兩個原則，第一，報社利益為先，保證客戶的合約能順利執行；第二，客戶利益為先，尊重客戶對服務團隊的選擇。在這兩個前提下，業務給我部門，我不推辭，做好服務；不給，我也不強要，做好配合。」

雖然沒有劍拔弩張，但是這個客戶當年劃分給了我們部門。

著名的心理學家馬歇爾．盧森堡在《非暴力溝通》中，介紹了怎樣轉變談話方式來減少人與人之間因為語言而帶來的痛苦，他總結了四個要素：觀察、感受、需要和請求，其實就是透過現象看清楚矛盾的本質，不要一點就炸，只用語言還擊，卻解決不了實際問題。

很典型的例子還有過年回家，免不了面對各路親戚不得體的盤問，但真的需要硬邦邦嗆回去嗎？未必。親戚的問題有的純屬寒暄，即便不得體，我們也不用過度解讀，非得湊上去爭個水落石出；有的帶著目的性，比如問你做什麼工作，可能後面就會來一句：「能不能替我家孩子介紹個工作？」還有的希望找到優越感，聽說你不如他，他能心裡暗爽一下。

人與人永遠無法完全共情，語氣溫和但態度堅定，**盡量別讓硬邦邦的世界傷害自己，能給出「軟釘子」，也是我們的「硬實力」**。

附〈羽林郎〉全文：

昔有霍家奴，姓馮名子都。依倚將軍勢，調笑酒家胡。
胡姬年十五，春日獨當壚。長裾連理帶，廣袖合歡襦。
頭上藍田玉，耳後大秦珠。兩鬟何窈窕，一世良所無。
一鬟五百萬，兩鬟千萬餘。不意金吾子，娉婷過我廬。
銀鞍何煜耀，翠蓋空踟躕。就我求清酒，絲繩提玉壺。
就我求珍餚，金盤膾鯉魚。貽我青銅鏡，結我紅羅裾。
不惜紅羅裂，何論輕賤軀。男兒愛後婦，女子重前夫。
人生有新故，貴賤不相逾。多謝金吾子，私愛徒區區。

12 學會冷臉

「愛笑的女孩運氣不會太差」，我受這句話影響太深，又在傳統家庭長大，總被教育要溫柔親和，所以從小就很愛笑。可我不知道這句話還有下半句，那就是：「太愛笑的女孩，運氣也不會太好。」

為什麼？因為我不敢冷臉對人，不敢表達自己的委屈和憤怒，甚至被開過分的玩笑，我也拉不下臉去翻臉，反而勉強自己跟著一起笑，這就給別人懦弱和好欺負的印象。直到三十六歲創業以後，我才學會冷臉。

有一次，某個認識的人對我說：「李筱懿，你週末也沒什麼事，來幫我主持一場活動吧。」我回答：「首先我很忙，其次這場活動是商業性質，如果確實希望我主持，可以先把需求、酬勞與合約定下來。」

對方很不愉快，我們再無交往。

那又有什麼關係？我們沒有義務讓一個提出非分要求的人愉快。

此後，如果某個人的話讓我不舒服，我就現場冷臉，生氣也會說出來。情緒恰當表達以後，人輕鬆很多。

冷臉不是擺臭臉，是樹立自己的規則和界限，要求別人遵守也是一個人的骨骼和支架。

學會冷臉之後，我還有一個相關變化，那就是：不再太快答應別人的請求。

我以前看到訊息基本秒回，別人的請求如果能辦到也會立刻答應，但這並未給我帶來好評，我無意中聽見有人評價：「李筱懿這個人特別閒，找他辦事很容易。」其實我不容易的好嗎？為什麼別人覺得找我簡單？因為我答應得太快、太乾脆，沒有表現出任何難度。

後來，我看到提要求的訊息時，通常放一會兒再回覆，被求助時也有更多思考餘地。這不是擺架子或者拿捏，有句話說「事緩則圓」、「欲速不達」，慢半拍有利於把事情想清楚、做圓滿。

不要讓無關的人把我們的隨和誤解為「隨便」，甚至是「掉價」。

13 從容的心態

社區有位家事清潔的阿姨，打掃清潔認真細緻，缺點是脾氣太急、語氣太凶，特別喜歡搜集紙箱、礦泉水瓶，積少成多拿去賣。有時別人水快喝完了，他乾脆站在旁邊等；鄰居剛拿了快遞，他立刻「預約」說：「這紙箱給我留著」；走路像風一樣，說話劈里啪啦，見到他就讓人緊張，所以大家並不喜歡他。

有一次，我從外面回來，手上拿了小瓶礦泉水，裡面還有半瓶水，他馬上說：「瓶子不要給我吧。」我搖搖瓶身：「你看，還沒喝完。」他答：「就兩口的事，你趕快喝，我在這等你。」

我無語時，他手機響了，馬上換了一個人似的溫柔：「哎，在幹嘛呢？我啊，我在樓下散步，很愜意啊！我都好，最近降溫了，你在學校要注意啊，別著涼了，我寄給你的新衣服收到沒？那就好，你快去上課吧。」

掛斷電話，他臉上的笑意依然收不住，是我平時沒見過的溫柔。

我問：「你女兒的電話嗎？他在外地上學？」

他語氣驕傲：「是啊，我女兒成績特別好。」

我心裡一軟，說：「你笑起來挺好看，平時那麼凶幹嘛？」

他的笑容逐漸從飽滿到乾癟：「咳，我一個人把女兒帶大，風風火火習慣了，做什麼都要趕時間，都沒空笑了。平時收集紙箱、瓶子多存點錢，孩子考研究所的時候，不至於壓力太大。」

他望著手機螢幕，桌布背景是女兒的照片。

我兩口快速喝完礦泉水，把瓶子遞給他：「你以後多笑笑。」

我想起那些心急火燎的外送員、記性不太好的服務人員、錙銖必較的菜市場攤販老闆，他們都不從容，沒什麼耐心，甚至讓人覺得有點討厭。或許和這位阿姨一樣，他們只是被生活逼急了，而我們恰好遇到他們被逼急的那一面。

從容不僅是心態和禮貌，更需要寬裕的物質條件。假如那些不從容的人並未對我們的生活造成任何實質傷害，假如那些板著臉的人確實是來不及微笑，那我願意先對他們笑。

14 社交自由

身邊二十歲的小妹妹羨慕我「社交自由」的狀態——幾乎沒有應酬，生活十分簡單。

其實不必羨慕，我既有前提，也有取捨。

第一，我的職業不需要與太多人合作。

我是寫作者，寫稿這件事一個人就能完成，專家型的人員比如科學研究者、舞蹈人員、教師等，因為更依賴專業水準，所以他們的社交自主權相對大，人際關係不是主軸，並不影響。假如從事的行業需要多方協作，比如化工行業、服裝產業、農業、金融等，原物料、研發、設計、生產、銷售這些環節別說個體很難完成，一個簡單的團隊都無法操作，必須依靠分工精細的組織，有大量需要與外界交互的資源還有交換的資訊，而這些行業的從業者，很難社交自由。

第二，社交自由與年齡、所處人生階段有關。

我是個中年人，在自己的領域幸運獲得過一些成績，雖然微不足道，但多少讓我擁有一點話語權，一點自主選擇的能力。按尊老愛幼的傳統美德，別人會被迫理解我的不熱情。

回憶自己二十歲初入職場時，我同樣沒有社交自由，反而處於「狠狠社交」的狀態，倒不是為了攀緣人脈，而是打交道的人足夠多，才能瞭解不同類型的人，才能看到各種不同的狀態，才能判斷自己到底適合怎樣的職業與生活。

假如二十歲時，沒有去做所謂的「無效社交」，人很難知道自己的哪部分努力會對將來有決定性作用，都得經過時間檢驗。

第三，我不介意被評價為「冷淡」，不在意無關人員的負評，我對真實和真誠的追求遠高於不痛不癢的好評。

我更加尊重自己「原始」的感受，假如對方實在討嫌，我乾脆表現出「掀桌子不幹了，管你呢」的直接和不耐煩。該生氣就生氣，允許自己偶爾不得體，保留一點做潑婦的權利。**我不再總想證明自己、得到認可，誰喜歡我都不如自己喜歡自己更重要。**

哈哈，你看，我的相對「社交自由」就是這樣來的。

社交自由，其實是比「財務自由」更難獲得的體驗。

多少大佬早已經實現了財務自由，但是社交自由了嗎？未必，那些觥籌交錯的筵席、名流雲集的合照、侃侃而談的會議，有多少是出於讓企業更高、更快、更強的籌劃？又有多少是出於自己的喜歡？

社交自由不是「想認識誰就能認識誰」，而是「不想說話就可以不說話」，這需要放棄很多現世的利益和關係權衡，就像《湖濱散記》中孤獨、自由、清貧的梭羅，極少有人能達到。

至少，我達不到。

15 留白效應

一九一一年八月二十一日，達文西的名畫〈蒙娜麗莎〉在羅浮宮被盜走，人們都到博物館觀看原本掛過這幅畫的空牆。兩年過去了，意外的是：到博物館看空牆面的人，比過去十二年欣賞這幅畫的觀眾還要多出一倍。心理學上把這種現象稱作「留白效應」。

「留白」本是中國山水畫中的手法，在整幅畫中留下空白，給人遐想的餘地，比如南宋馬遠的〈寒江獨釣圖〉，只見一葉扁舟，漁翁獨自垂釣，畫面中沒有一絲水，卻讓人感到煙波浩渺，滿幅皆水，正是所謂「此處無物勝有物」。

心理學當中，留白效應是指：感知事物時，因為聯想而印象更加深刻的心理現象。假如我們對一件事情的瞭解程度處於「滿滿當當」的狀態，留給想像的空間就很少。猶如我們對某個人瞭若指掌，又何必花費想像力呢？必然因為太過熟悉而覺得索然無味。

留白效應讓我反思處理人際關係的方式：**如果能留給對方一些空間，保持適當的距離，反而增加了人際吸引力**。

心理學上還有個相反的現象叫「超限效應」，是指刺激過多、過強，或者時間過久就引起了不耐煩或反向的心理現象。

就好像在戀愛裡，再美、再帥的人，二十四小時黏在一起，除了談戀愛沒有其他事，沒有其他朋友，很快就會相看兩生厭。再比如父母每天對孩子嘮叨，即便說的話再有道理，孩子肯定反感，甚至對著幹。包括我自己，以前每天行程安排得非常充實，生怕浪費時間，其實失去了很多可能性，比如和朋友聊個天，那種有共鳴的大笑就很療癒；比如陪父母做些家務，瑣碎裡都是親情的溫暖；還可以一個人聽首音樂、看部電影，在某個安靜的晚上充滿靈感。

二十歲，春風得意馬蹄疾，不信人間有別離。三十歲以後才發現思念、愛意、關懷、寬慰、勤勉說得太滿了，會對別人造成負擔。這才懂得舒適感，其實是來自「留白」的距離。

16 窮朋友、富朋友

幾年前，我分別幫了兩位朋友一個忙，他們知道我喜歡喝茶，都送了我一盒茶葉。其中一位早年創業，趕上好機會，事業發展非常好，達到了世俗意義上很富有的那種成功；另一位還是剛工作的小女孩，家庭情況也很一般。

其實我幫他們的這個忙既不大，也沒想著回報。正好家裡茶葉喝完了，我就隨手打開「富朋友」的茶葉，泡了一杯，欸，味道不太對，看了包裝盒上的日期，發現已經過期，再打開他送的其他禮物，都是一些拼拼湊湊的小東西，有些甚至是贈品，讓我心裡感覺不太好。於是我打開「窮朋友」的茶葉，裡面掉出一張手寫卡片，字跡很孩子氣，語氣也稚嫩，說：「筱懿姐，謝謝你幫我這個忙。」

茶葉是今年的新茶，價格意外挺貴，我看出這件禮物其實已經超出了他的經濟能力，更明白他的真誠。

我心下明白：在所謂「富朋友」心裡，我的價值就是一盒過期茶葉和小零碎，而在所謂「窮朋友」心裡，我是一個重要的人。

有時我們花費那麼多時間結交「人脈」，除了彼此資源對等，對方是否真誠同樣是重要考量，僅有資源沒有誠意，關係無法長久，甚至合作未必成功；而**一個真誠的人，不見得擁有很多資源，卻能在需要時鼎力支援**。

所以，別人的富有和貧窮與我有關係嗎？並沒有。別人的真誠和虛偽，才和我真正有關係。

17 認識一個人需要時間

西漢有個叫匡衡的貪官，曾經深得漢元帝欣賞，官至丞相，被封「樂安侯」，他的食封土地原本是三十一萬畝，但他貪占土地四萬多畝，被揭發後，貶為庶人。偏就是這樣一個人，幼年家境貧寒，為了讀書而「鑿壁偷光」。

是的，他就是那個「鑿壁偷光」的主人公，只是很少有人說過他後來的結局。

唐朝的李紳，寫下膾炙人口的〈憫農〉詩：「鋤禾日當午，汗滴禾下土。誰知盤中飧，粒粒皆辛苦。」

詩中字裡行間都是對農民的體諒和同情，然而真實歷史中的他生活極度奢侈，漠視百姓疾苦，擔任淮南節度使時，他治下的百姓終日惶恐不安，紛紛渡江淮而逃難，與李紳同時代的韓愈、賈島、劉禹錫等人對他嗤之以鼻。

有一次，劉禹錫到李紳家參加宴會，看見歌妓成群，寫詩感慨：「高髻雲鬟宮樣妝，春風一曲杜韋娘。司空見慣渾閒事，斷盡蘇州刺史腸。」

人們甚至不願相信「誰知盤中飧，粒粒皆辛苦」這樣的「憫農詩」是出自李紳之手，直到敦煌藏書窟發現了這首詩的記載，確定是李紳的作品。

所以美好和醜陋、勇敢和怯懦、粗暴和溫柔、明媚與陰暗、真誠和虛偽，完全可能是同一個人的一體兩面，也可能是同一個人不同的人生階段而已。

全面認識一個人不容易，既需要時間和耐心，也需要眼光和閱歷。

18 細節帶來好感

比起大事，我更容易被細節打動。

真正遇到大事檢驗人的機會並不多，但有些細節卻很加分。

1. 關心那個在人群中存在感低的人

我曾經參加過一個創業論壇，周圍都是科技界人士，我很難加入話題，出於禮貌一邊聽、一邊點頭。這時，論壇主持人問我：「筱懿，你做新媒體，新媒體用到了新科技，所以寫稿和過去有什麼不同嗎？」這是一個我能接住，而且能談出獨特觀點的話題。

看見別人難堪，你伸出了援手，能夠迅速而且真誠地拉近彼此距離——因為善良的人，才看得見別人的需求。

2. 當大家調侃一個人時，主動轉移話題

某一次聚會上，有人評價某個熟人的微信朋友圈：「哎喲，他這個照片修過頭了吧，他真人哪有那麼瘦。」

我旁邊的朋友順手接過手機說：「我看看，嗯，前兩天剛遇到他，他最近運動，確實又瘦又好看呢。」

我瞬間對這位朋友刮目相看。一點都不尷尬地幫助別人解圍，還是幫個不在場的人，內心大多是厚道的。

3. 悄悄記住別人的喜好

我喜歡喝星巴克的大杯燕麥拿鐵，與某家影音公司第一次見面之後，每次去都會有燕麥拿鐵，工作人員還很貼心地說：「記得你喜歡這個口味。」

我確實感到溫暖。

良好的關係始於明確知道對方心裡有你。悄悄記住對方的喜好，給別人驚喜，自然會收到好感和人緣。

4.路過有門的地方，替後面的人扶一下

我觀察過商場、餐廳各種場合的陌生人，能主動為後面的人扶一下門，這種人大多很友善。我身邊那些好修養的朋友都會替別人扶門，這種舉手之勞不是刻意做出來的，而是變成了習慣的善意。

5.受到別人的幫助，除了說謝謝，記得給對方一些回報

這是我向一位朋友學到的小細節。他每次請人幫忙，不僅說謝謝，而且送上一份禮物，即便是很小的忙，他也會準備些水果、咖啡之類表達心意。他說，幫忙是情分，感謝是應該的，除了語言感謝，也要為對方做點什麼，讓他知道你領情了。來往之間的互動，能讓關係更長久。

類似的細節還有很多，例如：

- 借別人的東西整理好再歸還，像是借傘後把傘折整齊還回去，借車把車加滿油交還車主。
- 轉動餐桌時，看看是否有人正在夾菜；吃完以後，收拾自己面前的垃圾，向

大家說：「我吃飽啦，你們慢用。」

- 節慶假日傳送祝福簡訊時，在祝福內容的前面加上對方的名字，讓人覺得被重視。
- 聽人說話時，把兩只耳機都摘下來。
- 別人給你看照片時，絕不私自翻看第二張。

善意存在於潤物無聲的細節，因為小處才有無法隱藏的真實。

19 讓自己不彆扭

我以前很矛盾——想出眾又缺少底氣，擔心自己腦內記憶體不夠，水準平庸；想努力又怕被嫌棄用力過猛，不夠雲淡風輕。整理自己真的花了我好多年，也累積了幾個「不彆扭」的心得。

1. 當「直球高手」

工作上遇到不懂的地方，不因為好面子而揣著糊塗，馬上問清楚；遇到麻煩事不糾結，快速試錯，快速糾正。效率高、成長快的人會讓合作者有種並肩作戰的參與感。對待人際關係也一樣，明確表達喜歡，也清楚表明不滿，不讓別人猜心思。

我不太擅長處理需要很多鋪墊才能進入狀態的人際關係，因為寒暄、試探和觥籌交錯所需要的時間、精力和情緒價值，我都很不夠。這些年能留下的朋友與合作夥伴大抵都接受了我的個性，見面時真誠自在，分別後守望相助，直接坦誠，有事說事。

網際網路時代，人際關係都很簡化，尤其年輕人。

2. 有「體驗者思維」

體驗者思維是扎根於當下，不糾結過去的對錯得失也不琢磨太過遙遠的事。

過去已經發生，緊緊抓住沉沒成本沒有意義；未來則存在太多不可控因素，想得越多就做得越少，容易陷入內耗。

多做多得，當你可控的部分越多，對未來才會越有把握。

3. 不害怕主動出擊

「鬆弛感」是一個很流行的詞，容易被誤解成「躺平」或者「悠閒」，其實都不是。不彆扭之後，人自然會鬆弛下來，進入另一種「主動出擊」的狀態：想要什麼就去做，打從心底認同自己的目標，不會嘴上說著「淡定淡定」，身體卻在焦慮狂奔。

想拒絕就直說，想得到就努力，鬆弛感來自能夠主導自己的生活。

20　你有什麼缺點？

「你有什麼缺點？」

這個問題出現的場合還挺重要，類似求職、年終總結之類，怎麼回答？不知道誰教的，故意把優點說成缺點，比如「我這個人的缺點就是太認真！」；「我最大的缺點就是太熱情。」聽到這樣的話，我會覺得太假，在這裡分享一個真誠的公式：「缺點＋改進方法＋結果」。

例如我曾經的缺點是拖延症，總想「等一等再處理」，不經意就錯過了黃金時間，自己勞而無獲，還給別人添麻煩。我痛定思痛，養成了用「任務清單的方式」管理每天的時間，當天的事情必須當天做完，逐漸克服了自己的拖延症，現在行動力還蠻強的。

再比如，我習慣悶頭做事，不擅長溝通，好幾次因為溝通問題造成誤解，後來我特地讀了人際溝通的書籍，比如影響力教父羅伯特．席爾迪尼的《影響力》，還報名課程，現在我的溝通能力強多了，甚至還能帶點氣氛。

這樣回答是不是真實很多？

「你有什麼缺點」這個問題，對方並不是要為難我們，真的想知道我們有什麼缺點，而是希望瞭解到我們對於缺點抱有什麼樣的態度。積極修改的態度比程式化的回答更能打動人。

所有長久的關係中，唯有真誠才是最短的路。

第三章
自律

21 什麼是書卷氣

我最嚮往的氣質是「書卷氣」，這個特質它非常神奇，有書卷氣的人能超越外形的美醜胖瘦，讓人好感倍增。

我觀察了很久，書卷氣足的人，都有三個特點：

第一，書卷氣的底色是「沉靜」。

成大美者，有靜氣。

如果一個人耐得住寂寞、沉得住氣，能保持專注力深入思考和做事，這種心態也會外化成平靜柔和的面貌還有溫和堅定的神情，不會讓人感到攻擊性和壓迫感。比如經歷人生顛簸卻終生讀書的楊絳、一生艱苦守護敦煌文物的樊錦詩、中國最後一位詩詞大家葉嘉瑩，這三位女先生未必外貌多麼漂亮，但沉靜之氣讓他們很美，並且越老越美。

第二，肢體語言大方、克制。

大多數人日常的肢體語言（包括我自己）都有點雜亂，會有抓耳撓腮、東張西望、目光游移等不自覺的小動作，直接暴露內心的緊張或者情緒的失控，但是書卷氣足的人內心穩定，氣息也很沉穩，舉止有度。

當我們想到袁泉、俞飛鴻、劉亦菲、奧黛麗・赫本等女演員時，他們都沒有顯得張牙舞爪的誇張舉止，表情到位但不會變化得特別快，哭就哭、笑就笑，不至於悲喜無常，也不會有太多細碎的小動作。

動作和表情管理是長期的習慣，可以對著鏡子多練習，也可以錄影矯正。

第三，最重要的是，書卷氣來自真正讀過很多書。

面容和舉止的氣質養成源自內心的修養，有自己認可的審美和知識作為底氣，才能自如。

凡有所學，皆成性格，英國哲學家法蘭西斯・培根曾說：「讀史使人明智，讀詩使人靈秀，數學使人周密，科學使人深刻，倫理學使人莊重，邏輯修辭之學使人善辯」，就像曾國藩說的：「惟讀書則可變化氣質。」

在我心裡，書卷氣是最出類拔萃的氣質，有了他，優雅才會光芒四射，而不是顯得做作；颯爽才會俐落可愛，而不是變成魯莽；單純才能潔淨純真，而不是看起來乏味。

大多數書卷氣足的人都不會太年輕。真正讀了萬卷書、行了萬里路，具備自己的世界觀，書卷氣會不知不覺流淌而出。

22 運動比整容神奇

我堅持有目標的健身計劃已經四年，這是唯一帶來「逆生長」的習慣，既有體形變化也有心理狀態的改變，我有四點心得。

第一，健身能讓我們體形比過去的自己更好，但不可能「逆天」。

我是梨形身材，健身前是「大梨子」，現在是「小梨子」。臀線提高了，腿看起來稍微長了一點，但我永遠不可能擁有纖細的長腿，永遠不可能完全改變體形。

健身讓我坦然接受自己身材的缺點，由衷喜歡不完美的自己。

第二，有局部肥胖，但沒有局部瘦身。

我是「粗腿星人」，健身第一天就對教練說：「我要專門瘦腿。」教練卻說不可能，除非全身瘦，否則腿不可能細。運動是全身脂肪參與分解和代謝，全身脂肪成比例縮減，不可能想瘦哪裡就瘦哪裡。

我意識到，如果一個人整體狀態好，別人不會在意他某個局部的缺點，比如瑪麗蓮．夢露有不完美的小肚子和贅肉，但整個人依舊健康性感；而一個人如果整體狀態不好，即便有明顯的優勢，也會在顯現程度上打折扣。

第三，翹臀的標配是粗腿，優點和缺點都是相對的。

我練臀的效果特別顯著，但鍛鍊四年依舊有著粗腿。教練說，人體的器官和特點都是相對的，幾乎沒有自然人同時長著馬達臀和小細腿。就像沒有人可以又快樂又深沉、又聰明又老實、又能言善辯又保持沉默一樣，**每一項優點的背後都有一個隱藏缺點，但每一個的缺點後面也附贈了一項優點，不必過度苛刻自己。**

第四，健身的效果比整容神奇。

健身後，經常有人問我：「你是不是去整形了？」

我沒有。

誰不渴望瞬間年輕，立刻擁有緊致的輪廓線？我也試過水光注射和一些光電治療項目，坦率地說，對我幾乎沒用，因為我的生活習慣很健康：早睡早起、規律運動、飲食均衡、嚴格保養。

我非常理解容貌焦慮、理解求美求好的心情，但自己盡量少參與：能速成的是五官，速成不了的是價值觀；能整出來的是樣貌，整不出來的是精神面貌。

健身後，相比身體上的變化，我的心情和狀態變化更大，好像整個人會發光一樣。任何超音波拉提都比不上自然緊致的輪廓線，任何速成都比不上日積月累的好習慣。

在快節奏的生活中，我依舊相信日積月累的力量。

我相信健身不是為了碾壓別人和秀馬甲線，而是成為更健康、更舒展的自己。

23　如何養成易瘦體質

我是先天易胖體質，花費很多時間把自己調理到健康並且偏瘦，其實，健康和抗衰老的過程中，真正有效的東西都不會花太多錢，關鍵是養成習慣。

從小家裡飲食清淡，很少重油重鹽，但我飯量奇大，體質健壯，與纖細無緣。大學住宿舍養成了吃宵夜的習慣，特別愛吃牛肉粉絲煲、麻辣魚、糖醋排骨之類高鹽、高油、高辣食物，身體容易水腫；冰淇淋一次能吃五百公克，無冰不歡，連水都要冰鎮過再喝。

這些二十歲的習慣對身體造成了長期的損傷：痛經、慢性腸胃炎、口腔黏膜炎等。三十五歲以後，我一口冰水都不碰，溫熱飲食漸漸改善了體質，養成全新的生活習慣。

第一個習慣，有氧運動和無氧運動交錯。

每週四到五次，既做高強度有氧運動也做力量和器械訓練。有氧運動瞬間燃燒卡路里，無氧運動幫助長肌肉，促進新陳代謝。我還有微運動的習慣，能走路到達的地方就不開車，能爬樓梯就不坐電梯，工作一小時做五分鐘頸部和眼睛放鬆操。

可能你會說：「筱懿姐，我沒時間運動。」

我可以理解，每個人時間都有限，我們只會為自己覺得最重要的事空出時間，對我最重要的事就是工作、陪伴家人和運動，如果有衝突，我願意精簡其他事情，這是我的態度。

那麼我們不妨想想：自己最重視的事情究竟是什麼？

第二個習慣，減醣飲食，用部分粗糧代替精製澱粉。

我實在太愛麵包和米飯這類碳水化合物，做不到斷醣，於是把三餐做了區分：早餐除了蛋類和奶類，可以吃麵包、包子之類，撫慰嘴巴和心靈；中餐吃雞、魚、肉、蛋，搭配粗糧；晚餐基本是一杯脫脂牛奶配上奇亞籽，或者是玉米和燕麥，並在晚上六點之前吃完。

每週我會安排一天放縱日，早餐、中餐隨意吃，晚餐依舊量很少。另外，我不吃含糖量特別高的水果，例如像葡萄、石榴；從不喝含糖飲料，不吃零食和膨化食品，不吃油炸類食物。

第三個習慣，找到自己身體的規律。

我每天早上四點四十五分起床，空腹記錄體重，全天記錄飲食狀況以及生理週期。有一個方法對我很有效——生理期之後是不錯的瘦身時間。

生理期結束一週之內，人體為了及時補充血液，會分解身體本身的組織，促進血液形成，在這個時段適當控制脂肪的攝入，同時保證補充充足的維生素C，有助於瘦身。建議食物適當減少肉類，選擇菌類、豆腐等代替，多吃富含鐵元素食物，比如芝麻、豬血。

每個人作息不同，我習慣的運動時間是晚上，晚間運動讓我睡眠良好，但很多朋友更習慣早晨，晚間運動反而會導致興奮影響睡眠。

沒關係，找到自己的規律，設立健康時間表。

四十歲以後，我養成了二十歲時都沒有的「易瘦體質」，朋友開玩笑說：「李筱懿，你這樣生活有什麼樂趣？」

可是，我的樂趣就是健康。

垃圾食品猶如貌美風趣但品性差的渣男，健康飲食彷彿可靠卻略微無趣的好男人，二十歲的我跟渣男談個戀愛，享受他提供的瞬間情緒價值，被辜負了能迅速恢復元氣；四十歲以後可不行，情感和健康要省著用。

都說陪伴才是最長情的告白，而身體陪伴我終生，是我最好的朋友。

所以，**我寧願自律，換來選擇生活的自由**。

24　深度工作

我曾經有個困惑：為什麼花了很多時間工作，卻效率不高？

美國喬治城大學副教授卡爾．紐波特的《深度工作力》給了我很大改變，書裡有三個方法特別好用。

1. 分清楚淺層和深度工作的內容，每天安排不同時間做這兩種不一樣的工作

看郵件、聽新聞、整理工作報表，這些都可以在淺層工作的狀態下進行。做這種工作，即使被訊息或者電話打斷也沒關係。但是有一些事情絕不能被打擾，就是深層工作。比如，我是寫作者，對我來說寫稿是深度工作，假如我在辦公室寫稿、寫企劃、準備課程時，首先我會關手機，然後在門上掛個「工作中，請稍等」的專用小牌。

不要覺得別人問一件事才五分鐘，沒什麼。由於這五分鐘的打擾，我可能半小時都無法回到原本沉浸的狀態。

你或許覺得只有升職當老闆才有時間自由，才能掛牌子拒絕被打擾，其實不是，人表明自己的態度非常重要。戴上耳機、提前打招呼、通訊軟體狀態設置「工作中」等，這些都是防止被干擾的方法。

堅持自己的習慣一段時間，你會發現，別人也逐漸尊重了你的習慣。

2.衡量清楚自己所做的工作或者所練習的技能，重要性和稀缺性到底怎樣？是不是少了我們，就會受到很大影響？

假如花很多時間練習了一個所有人都會的技能，我們的重要性就得不到體現。因此，同樣是深度工作，做什麼內容很有講究。有兩種工作最重要：一個是專案當中具有創造性的部分，這是專業人士、技術專家的特長，比如軟體工程師、編劇、平面設計師等；另一個是掌控整個專案的部分，這是管理者的特長，比如部門負責人、專案經理、總經理等。

假如透過深度工作去著重練習這兩方面的技能，你做的工作就會日益重要，自己也會更有成就感，正向回饋會讓你持續沉浸其中，如此，你的工作價值將會越來越高，相應的薪酬也會提升。

3.和自己喜歡的人一起工作

有個觀點很流行——別管老闆是否喜歡你，也不要管你是否喜歡老闆，只要你覺得能從對方身上學習到東西就可以，但我不認同。

假如無論你多麼努力都無法和老闆共事——這裡的老闆包括小公司的創辦人也包括大廠的專案負責人，我建議換個公司或者換個專案組。因為勉強湊合，讓工作當中的人際關係占用你的注意力甚至影響你的工作內容，會使你根本無法進入深度工作的狀態。

喜歡、不喜歡這件事，往小裡說是情緒問題；往大裡說，是價值觀不同。人不可能長期情緒穩定地和討厭的人在一起，還得相互配合，這太難了，至少我做不到。

《深度工作力》的作者卡爾・紐波特從事電腦演算法研究，同時對社會問題充滿興趣，這讓他能用不同視角解決「深度工作」問題。

人在忘我的狀態，效率可能是平時的十到二十倍。

精力集中時，我一小時能寫兩千字；走神時，一百個字也寫不出來。

因此，**我們很難拓展生命的長度，但可以加深它的厚度**。

25 別被「劣質勤奮」嚇到

很多讀者對我說：「看到別人很勤奮，自己就很焦慮。」

我說：「你別焦慮，有些人的勤奮，只是『劣質勤奮』」。

什麼是「劣質勤奮」？就是這個人給身邊的人帶來「好像很努力的壓力」，卻沒有把事情做好。它有兩個最直觀的結果：收效甚微和筋疲力盡。

怎樣才能勤奮到位？我很深的體會是「加強目標針對性」。

知識的確重要，於是有人每天看書、報名各類培訓班，其實多數人不是學得不夠多，而是不夠有針對性。學習的困境是「邊學邊忘」，德國心理學家赫爾曼．艾賓浩斯提出的「遺忘曲線」，指出學得的知識在一天後如果不抓緊時間複習，就只剩下原本的百分之二十五，就像學英語，如果日常用不到，即便再努力也學不好。

如果沒辦法完成具體目標，沒辦法實踐，勤奮就失去了實用價值。所以我們需要以具體任務為導向，目標精準地學習，透過一個時間段，集中掌握一個領域的知識並很快上手運用，形成「輸入到輸出再到結果」的良性循環。

比如，你升職了，要帶五個人的團隊，學習目標很明確，那就是「怎麼樣管理團隊」。帶著具體任務再去讀領導力領域的書籍，理論很快就能運用，邊做邊糾正自己的不足。

「精準努力」這項品質，在水稻育種專家袁隆平先生身上體現到極致。

袁先生的祕書辛業芸跟隨他二十多年，非常熟悉他的讀書習慣，他說，袁先生讀書有廣博的一面也有專精的一面，這既成就了他豐富多彩的生活，又讓他能在雜交水稻培育方面成果卓著。

袁先生的書桌上擺著各種各樣的地圖冊，中國地圖冊、世界地圖冊，他甚至還喜歡看《諷刺與幽默》週報，「有時我們會覺得袁先生就像是『段子手』，笑話一個接一個。他記性好，不管隔多久，段子的細節都能記得很清楚」。讀書廣博、愛好廣泛，讓他開闊了視野，彌補了親見親聞的不足。

但袁先生讀得最多、最用心的還是專業領域的書，尤其英文文獻資料。辛業芸講到兩個細節：第一，他每天臨睡前還看半小時書，多是業務書，《*Rice Today*》這份雜誌是他必看的。第二，他有一次突然買了海明威的書，辛業芸奇怪他是不是逛書店時隨意翻到這本書或者看了哪句話引起關注，其實都不是。袁先生說，很想知道是什麼原因導致海明威這麼偉大的作家最後選擇自殺，他的思想是如何轉變，作品中是否有透露蛛絲馬跡，於是回來認真讀海明威的作品。袁先生只要關注什麼事情，他會深入下去，一定要知道原因。

這是有效勤奮，帶著具體目標、任務和問題去研究，而不是盲目學習和努力。

因此，保持自己的節奏，不被別人帶偏很重要。

別人的勤奮是他的節奏，你的努力是你的節奏，目標各不相同，沒有必要用同款姿態去趕路。

26 煩惱箱

「煩惱箱」是我的神器，我把對未來的焦慮都寫下來放到這個箱子裡，所以裡面裝滿形形色色的小紙條，比如：

「寫不出稿，頭都要禿了！」

「出差陪不了女兒，難受！」

「抬頭紋越來越重，氣！」

「不想被某某超越！！！」

「工作夥伴不能理解我，影響進度！」

「我媽又來嘮叨……」

裡面滿是各種吐槽和擔心。

我通常只把紙條塞進去，一個月甚至更久才打開「煩惱箱」查看一次，結果發現這些煩惱沒有發生，或者早已被解決而不存在了。

這個簡單的工具讓我明白：為沒發生的事情憂心忡忡才是人最大的煩惱，這就是焦慮的來源。我們每天都會冒出千萬個意念，假如每個意念都仔細想一遍，就不要正常生活了。

賓夕法尼亞州立大學有項研究，針對的是人類對未發生事件的擔憂行為，綜合資料是：有百分之七十九的事都不會發生，有百分之十六的事可以透過各種方法應對，只有百分之五的事無論怎樣煩惱也沒用，它們必然會發生。

與其擔憂並不會發生的事，遠不如將自己能夠實現的事做好。

27 讓我快速成長的五種能力

1. 堅持做一件事的能力

無論運動、彈琴、畫畫、跳舞還是讀書、早起、唱歌、打德州撲克，找到一個愛好堅持十年以上都會受益匪淺。絕大多數人只有三分鐘熱度，五分鐘耐心，七分鐘毅力，假如堅持，起初可能沒有太大變化，但是經濟學裡有個「池塘效應」——池塘裡的荷葉第一天長出一片，第二天長出兩片，只用了四十九天的時間，就覆蓋了半個池塘。讓人驚訝的是，荷葉覆蓋另外半個池塘僅僅需要一天時間，因為荷葉的增加方式是幾何級數，不是算數級數。

大多數有意義的事情，在短期內看不見成效，我從上小學開始寫作文，三十六歲才成為職業作家，其實前方的道路並不擁擠，因為堅持的人不多。

2.分配欲望的能力

什麼是自律？自律就是更好地分配自己欲望的能力。

我愛健身也愛美食，但會為了好身材這個長期欲望，把美食欲望放在第二位；我愛追劇也愛健康，但會為了規律作息放棄熬夜追劇；我愛買東西，也愛儲蓄帶來的安全感，所以會為了存錢放棄那些可買可不買的物品，每個月做好收入分配，花錢不超出預算。

自律是合理分配欲望，而不是用意志力去和欲望搏鬥，意志力是稀缺資源，不能被透支。

3.送自己禮物的能力

多年來，只要有收入，包括每個月發薪水、收到稿費，我都會獎勵自己，舉凡一束花、香氛蠟燭、水果、綠色植栽、電子產品、耳環等等，有貴也有便宜。我買書特別乾脆，遇到猶豫要不要看的書，幹脆直接買。書才是性價比最高的物品，哪怕整本書只有一句話啟發了你都不算白看。

除了物質禮物，我還會一直在心裡誇獎自己：「你真有毅力！你真不容易呀！

你很努力呀！你又進步啦！」

人需要不斷地自我肯定，假如我們對別人都那麼好，對自己當然要更好。

4. 厚臉皮的能力

有句話叫「臉皮厚，吃得透」，自從我臉皮變厚了，就特別好意思拒絕不合理要求，特別敢於面對冒犯，特別不怕得罪人，特別勇敢地爭取機會。臉皮變厚了，我的生活也更厚實了，不怕失敗，樂於嘗試各種新技能，跳爵士舞、玩陸地衝浪、講脫口秀、划賽艇，誰找我去幹個新鮮事，我都去。

人生須盡歡，不必太清高。

5. 對不同觀點的接受能力

我相信「沒有最好，只有不同」，一旦把「最好」兩個字給去掉，就不再需要跟人家爭論，不用在主流敘事裡站到金字塔頂端，帶著自以為是的優越感去糾正別人。觀點不同，不相為謀，減少爭論的過程既是節省自己的過程也是成長的過程。

成長不是等速的，我們時常懊喪：為什麼花了那麼多工夫還沒看到一點成效？

東方甄選高級合夥人董宇輝說：「每個優秀的人都有一段沉默的時光，那是付出很多努力卻得不到回報的日子，它叫作『扎根』。」

在經歷緩慢而扎實的進步之後，我們會在某個時刻突然覺得「開竅」了，像終於走完擁堵路段，上了快車道，眼前是迅速接近的目標，耳畔是加速度的呼嘯。

28 「斷捨離」是篩選和排序的能力

社交媒體上的網紅是熱門的職業，做個月入過萬的版主是爆紅的副業選擇，當真這麼輕鬆嗎？應該不是。

有位讀者小靜是銀行職員，平時喜歡研究家居軟裝。前兩年，他用 Vlog 記錄自己裝修新房的全過程，從改水、改電到傢俱、電器應有盡有，在網路上迅速吸引了一批關注者。之後，小靜在業餘時間兼職做家居版主，經常推薦一些好用、好玩的家居單品或是做同類型的單品評測，再加上越來越多的商務合作，一段時間下來，小靜的家被各種家居用品填滿。為了拍影片的環境好看，他不得已從原本的家裡搬出來，在外面租了一間更大的房子，「故居」被當作倉庫存放物品。

很快，租屋處也被塞得到處都是，小靜也狀態疲憊，他從這種看似熱鬧的生活中安靜下來，仔細來算帳：看起來事業蒸蒸日上，但他付出了大量時間、精力和金錢，非常勞累，而收入並沒有真正增加太多。

為什麼呢？

原本他住自己的房子，離公司近，步行幾分鐘就能上班，現在越搬越遠，每個月通勤多了不少開支，房租又是一筆多出來的開支。原本，他拍短影音是推薦自己喜歡的物品，現在則變成為了拍影片有內容，額外購買很多用不到的東西，這個花銷也很大。雖然平時有一些商務合作，但他做家居版主只有兩年，這個行業競爭也很激烈，現有收入遠沒有達到辭職做專職的程度。

小靜痛定思痛，決心來一次徹底的斷捨離。他賣掉所有為了拍影片而買的家居用品，退掉租的房子，搬回自己的家，又把家裡的東西全部清理一遍，一番整頓過之後，除了電器、傢俱以及少量生活必需品，幾乎沒有冗餘，亂糟糟的家恢復了整潔明亮；短影片也從每週拍兩次，恢復成不定期的業餘愛好，有收入就是純粹的增加，沒有收入也不著急，有個讓自己開心的愛好也不錯。

小靜計算下來發現，雖然作為「版主」的自我感覺挺好，但是在目前的經濟環境下，「主業」都沒做好，卻大刀闊斧發展「副業」，並不符合自己的現狀，還是回歸原本的金融行業深耕更加合適。

他對我說：「做過版主後，我戒除了很多幻想。假如一份兼職穩定月入過萬，那它就是一個可靠的職業；假如一項副業能越做越好，那就是一項有前景的事業。沒有人輕鬆兼職或者靠副業就能輕鬆地過好生活。」

有一本現象級暢銷書《斷捨離》，作者山下英子主張透過整理和捨棄多餘的物品來擺脫物質迷戀，使自己達到內心愉悅、輕盈生活的狀態。這本書改變了很多人的生活方式，大家從「存東西」變成了「扔東西」。實際上，山下英子在這本書裡表達的觀念是——重新審視物品、事件、他人與自己之間的關係。

就像小靜的「斷捨離」並不是扔東西，他基於自我觀察和瞭解，替身邊的重要物品排序，給自己要做的事情劃分主幹和枝椏。明確目標之後，再做減法，清除次要，留下核心。

斷捨離不僅適用於物品調整，更大的作用是幫助我們重新審視生活周遭的人際關係。我曾經非常戀舊，遇到合拍的朋友或工作夥伴就想把他們一直留在社交圈，假如和一個曾經熟悉的朋友漸行漸遠，我會很痛苦。

幾年前，有一位合作良伴，因為溝通效率高且相互信任，一起做過不少專案，我們為了同一個目標努力，不斷精進業務，有難關一起渡過，有成績一起開心，建立起了戰友般的情誼。後來因為種種原因，他選擇去外地發展，我們的合作暫停，隨後幾年裡，他輾轉北京、上海、廣州，去過不少類型的公司，平時我們各忙各的，業務上沒有交集，聯繫逐漸變少。

雖然有很多不捨，但我深知，人際關係的斷捨離其實就是一場永久或者暫時的分別。在不同階段，我們的目標發生了變化，工作和生活內容也會隨之改變，某些人暫時或永遠失去聯繫，無論是主動還是被動，都逐漸接受它。倒也不必悲觀，當彼此之間出現新的共同目標，還會再度相逢。

就像前面說起的這位合作夥伴，今年我開了新專案，第一時間想到他。很簡短的溝通後，他恰巧時間可以配合，於是我們再次組合，基於之前的信任，只開了兩次視訊會議就規劃出整體思路、執行方案，過完了合約，順利推進專案。

斷捨離，未必都是徹底的分別。從前的關係並未憑空消失，只是大家的人生軌跡不同，暫時出現了偏離而已。當某個契機來臨時，之前建立起的融洽會被重新拾起，不需要費盡心思地維護就能迅速啟動。

人與人之間交往猶如一條動態的河流，強行留住一段關係無異於讓河水靜止，不如輕捷暫別，各自大踏步往前走，期待之後的某個時間點仍然有彙集的可能。

在這個資訊冗餘、物質飽和的時代，很多人並不缺乏「獲得」的能力和動力，但我們仍然需要修練「排序」、「篩選」和「放下」的能力。

「客觀地評估自己，告別幻想；輕盈地整理關係，不懼重建」，這是我心目中的斷捨離，能讓一個人活得現實、積極而平靜。

29 高效晨間一小時

早晨起床後的第一個小時，決定了全天的效率。

每天早晨四點四十五分起床之後，我簡單刷牙洗臉，不碰手機，不接受任何新資訊，馬上坐到電腦前寫作和工作，我每天最重要的任務就是寫書和寫短影音腳本。

一個小時過去，我順利寫完一千五百字時才清晨六點。繼續工作四十五分鐘後，我會在六點四十五分替自己和家人準備早餐，一天才剛剛開始。因為一起床就完成任務，刺激大腦產生完成計劃的多巴胺，全天精力充沛，正向循環激勵我更高效率地完成接下來的任務。相反，如果起床第一個小時就玩遊戲或者看短影音，那一整天都會迷茫，沒有動力學習和工作。

這就是池田千惠在《起床後的黃金一小時》裡詳細說明的方法，堅持做，空虛感和焦慮感會大大減少。

30 自律不痛苦，假裝自律才痛苦

我在健身房遇到一個很有意思的女孩，從進門的那一刻起，他就變換各種角度自拍，在每一種器材旁邊拍照。

我跑完步，他拉住我：「小姐姐，麻煩幫我拍個照，腿盡量拍長一點。」

我盡心盡力拍了幾張，成果他非常喜歡，立刻修圖配文發朋友圈：「自律才自由」，瞬間收穫很多讚。

他開心地舉著手機給我看：「小姐姐，好多人按讚！」

我問他：「你住的離這裡遠嗎？」

他回答：「滿遠的，我開車來。對了，你鍛鍊流那麼多汗，不累嗎？」

我說：「你開車來卻不鍛鍊，只是為了拍幾張照片，不累嗎？」他撇撇嘴，不以為然地說，看到朋友圈裡很多人在發這家健身房的器材照片，還有版主寫過打卡指南，於是團購了一張券，拍照發朋友圈，現在流行自律，但是自律太痛苦。

自律不痛苦，假裝自律才痛苦；朋友圈的人設是假的，自己的生活才是真的；真實的狀態並不累，花力氣假裝才會累。

真正的自律無須展覽、無須參觀，唯一的參與者和觀眾都是自己。

假如「自律」是為了給別人看，那麼立一個積極向上的人設不僅毫無自由，更是替自己的生活上了把鎖。

第四章 自修

31 戒掉「玻璃心」的兩個方法

每個人都有不同程度的「玻璃心」，只是落在自己身上，我們就會「選擇性忽視」。比如，三、四個朋友聚會，如果其中兩個一直聊你不懂的領域，你會有被冷落的氣憤嗎？同事生日派對請了一群人卻沒請你，你會覺得不被重視嗎？男朋友忘了紀念日，你會因此感到他的愛不夠深，進而判定你們根本不合適嗎？

「玻璃心」有時是因為太過敏感，有時又是因為太過自滿，如果這成了生活常態，不只會影響我們對事物的判斷，也會阻礙正常人際交往。在我擊碎自己「玻璃心」的過程中，有兩個方法特別好用。

1. 放下「自我合理化」心理，那只會讓我們越來越脆弱

合理化是指當我們實現不了追求的目標時，會找一些理由來尋求開脫，安慰自己，掩飾一些不願承認的事實。這屬於心理防禦機制，但常常會欺騙自己。

「合理化」表現為三種常見的心理模式：

第一種是「酸葡萄心理」，表現為對目標求而不得時故意貶低目標。比如一個沒拿到「優秀」的員工說：「獎勵不就是旅遊嗎，那地方一點也不好玩。」

與「酸葡萄」相反，第二種自我合理化的心理叫作「甜檸檬」。為了掩飾真實情況帶來的失望，人們往往會自欺欺人，認定自己的是對的、是最好的。比如在工作中我們被調到一個邊緣部門，為了保全面子而跟別人說，這個崗位有多好，多麼適合自己。

第三種是推諉心理，為了粉飾自己的過失，把原因推到客觀層面或找人背鍋。比如，考核結果不理想就怪上司偏袒其他同事。

在史蒂芬．茨威格的小說《一位陌生女人的來信》中，女主角就是典型的「甜檸檬心理」。女主角在十三歲那年，對鄰居作家一見鍾情，從此開始漫長的單戀。作家的一舉一動在他的世界裡被無限放大，成了可歌可泣的愛情。他在日復一日的苦戀中度過了青春時光，終於在成年後和作家的生活有了交集。但作家根本不認識這個陌生的女孩，對於他而言，女孩只是他眾多崇拜者和追隨者中的一員。

女孩對作家的世界又何嘗瞭解過呢？一直以來，他只是在不斷粉飾作家在自己心中的形象。真實情況是，他花了半生愛慕的作家，是一個生性風流又極其健忘的花花公子，他習慣對所有女人施展魅力，卻不願負一點責任、做一點犧牲。

當女孩終於意識到自己的「甜檸檬心理」扭曲了作家的真實人格時，他的「玻璃心」根本無力接受這樣的事實，於是他選擇了繼續自欺欺人。他獨自生下了和作家的孩子，並且消失在他的生活中，他想讓自己成為作家鍾情過的無數女人中獨一無二的一個，讓他永遠懷著愛情和感激來思念他。

想像得很浪漫，而實際上，他卻需要不停周旋在各類聲色犬馬的場合才能勉強維持生計，甚至孩子生了重病，他也無能為力。

直到最後，他在臨死之前，在已經死去的孩子旁，給作家寫了這封長長的信，然而他濃墨重彩的一生，在作家的腦海裡，始終沒能喚起確切的形象。

雖然生活中很少出現這麼極端的「自我合理化」的例子，但不論是「酸葡萄心理」還是「甜檸檬心理」，又或者是推諉心理，都會影響我們對人、對事物價值的真實判斷。只有先停止自我粉飾、自我安慰，敢於面對事實和真相，才是戒掉「玻璃心」的基礎。

2. 增強「鈍感力」，避免不必要的「情緒勞動」

日本作家渡邊淳一在《鈍感力》這本書中建議現代人：不要對日常生活過於敏感，培養「遲鈍的能力」也很重要。缺乏「鈍感力」的人容易給人「玻璃心」的印象，他們常覺得生活很絕望，一點小事就會觸發崩潰的開關。

對此，美國社會學家亞莉．霍奇查爾德給出了這樣的解釋：「除了體力勞動和腦力勞動，還有一項同樣艱辛的付出被忽視了——『情緒勞動』。」

一開始，情緒勞動只針對那些對面部表情有特殊要求的職業，比如，門市人員要付出「熱情」的情緒勞動，護士要付出「耐心」的情緒勞動，法官要付出「冷靜」的情緒勞動。後來，霍奇查爾德教授在《組織中的情緒》這本書中，把「情緒勞動」的範圍擴大了——「不管任何工作，只要涉及人際互動，員工都可能需要進行情緒勞動。」

情緒可以分解成兩個方面——你的真實心情是怎樣的叫作情緒感受；你表現出來的情緒是怎樣的叫作情緒表達。「情緒感受」和「情緒表達」之間的差距越大，你付出的「情緒勞動」成本也越高。

關於情緒勞動，有兩點需要特別注意。

首先，成本過高的「情緒勞動」會摧毀我們的生活。美國加州大學的兩位心理學家研究了一九五〇年代某所女子大學的畢業照，他們把一百五十名學生的笑容按照肌肉特徵分成了「汎美式微笑」和「杜鄉式微笑」。前者指像汎美航空的空姐一樣禮節性的微笑，後者則是發自內心的微笑。

他們追蹤研究了這些女性半個世紀的人生經歷，得出了這樣的結果：真誠微笑的女性比禮儀化微笑的女性大抵上能夠獲得並維持滿意的婚姻。很顯然，禮儀化的微笑讓女性付出了更多的「情緒勞動」。

其次，「情緒勞動」不一定會有回報。就算你耐心地跟客戶周旋了一個星期甚至更久，也很可能簽不到訂單。回報不理想帶來糟糕的情緒感受，這個時候最容易「玻璃心」發作。

在「玻璃心」發作之前，通常有兩種解決辦法，一種是改變情緒表達，假裝開心，隱藏真實的情緒，於是「情緒勞動」的成本隨著「情緒表達」和「情緒感受」的差值增加而變高了。一種是改變情緒感受，自我寬慰，觸發正向的情緒，這樣「情緒勞動」的成本也會隨之降低。

用上面那個與客戶周旋一個星期卻沒有簽下訂單的例子來解釋：心理上承認這

次業務沒達成，承認自己感到沮喪，但這次業務並非一無是處，它讓我們接觸到一種新類型的客戶——決策猶豫而緩慢，下次再遇到這類的人，我們就知道怎樣去處理，這次失敗其實是一次經驗累積。

你看，**整理情緒的過程、正視問題和困難的過程就是瓦解「玻璃心」的過程**。要想避免不必要的「情緒勞動」，就要從調整「情緒感受」入手，盡量選擇「對事情更積極的看法」，增強生活中的「鈍感力」，拉近感受和表達的距離。

雖然我現在從事的寫作工作職業，看似感性，但我特別感謝當年在報社十幾年的記者和廣告部主任經歷。記者的採訪不總是愉快的，寫負面報導時幾乎全是阻力與阻撓，解決障礙完成採訪就是戒掉「玻璃心」的過程。而在廣告部主任這個銷售崗位上，銷售數額和利益糾葛是具體而現實的，這讓我明白：在該賺錢的時候踏踏實實賺錢，才能在該體面的時候妥妥當當體面。

32 毀掉一個漂亮女孩有多容易？

我所認識最漂亮的女孩，出現在二十年前的一次飯局上，他像明星一樣好看。漂亮帶給他很多便利，輕易獲得普通女孩很難得到的機會：他做銷售，日常吃吃飯、喝喝茶，工作就搞定，追求他的男孩很多，他也享受被捧著的狀態。

五年後我又見到他，他還在飯局上吃吃喝喝，但是又冒出一、兩個比他更年輕的女孩，看得出來他暗自和別人較勁。

再見到他就是前兩年了，我與朋友逛街，當時根本沒有認出是他，他對我的朋友微笑招呼擦肩而過，朋友問我：「欸，你怎麼沒說話呀，他就是某某，那個大美人啊！」

我很意外：「他和年輕時變化太大，以前多……精神。」

我不忍心說他現在蒼老而平凡。

朋友感慨說，他就是生得太好看，吃盡漂亮和年輕的紅利，工作上敷衍，感情裡挑剔，總感覺什麼人、什麼事都配不上自己。年齡大了，機會少了，脾氣更壞，生活更不如意。

美貌在很多時候是美人的陷阱。普通女孩遇到的困難在人生的前半段，自己咬咬牙闖關，能力增強，還學到了很多技能；漂亮女孩的困難大多在後半段，尤其是迷失在自己美貌中的女孩，他總是選擇容易的路走，結果把容易的路走完了，剩下的就只有艱難。

我認識的女孩裡，最漂亮的那個層級活得並不是最好，而中等漂亮的那個層級反而活得更好。為什麼？因為他們沒有美到能走捷徑的程度，還得踏踏實實看書、學習，依靠自己。

這個世界上，沒有捷徑，捷徑都是最遠的路。

所以，即便長得不漂亮，女孩也可以活得漂亮；即便沒有先天精緻的五官，依然可以透過運動、化妝、自信和獨立的收入，讓自己越來越好看。

33 以霹靂手段，顯菩薩心腸

有位讀者小妹妹剛工作，周圍總有人打聽他家裡的底細，經常有意無意地問：「你父母做什麼？房子在哪裡？怎麼進公司的？」

他是一個很厚道的女孩，不知道該如何應答，說實話直覺不合適，撒謊更說不出口，問我怎麼辦。

我讓他反問對方「你嘴嚴嗎？」假如對方回答「我嘴嚴啊」，那就笑咪咪地對他說：「我的嘴和你一樣嚴。」或者笑而不語，不讓對方瞭解深淺，碰個一、兩次釘子，便不會再問。

小妹妹有點不好意思，問：「這個方法怎麼聽起來像是設陷阱給別人跳啊？」

我說：「我們得學會用壞人的方法對付壞人。」

我剛工作時，隔壁銷售部上司喜怒無常，總是憑藉員工和自己關係的親疏分配業務，但他從來不敢欺負一位女銷售，不僅因為對方能力強，而且是出了名的「厲害」，遇到不公平直接去辦公室據理力爭，吵完了還在公開場合調侃：「上司你大人有大量，絕對不會因為我跟你吵過架，就給我打負評吧？那人人都知道你是公報私仇啦，你水準肯定沒有那麼低。」

他這種性格不是每個人都能模仿的，但我們不要因為自己是「好人」而被「壞人」欺負了就毫無辦法。

晚清名臣曾國藩原本是文人，不得已置身戰爭之中，一度為此十分苦惱，知己胡林翼送他一副對聯：「以霹靂手段，顯菩薩心腸」。

為人處世需得剛柔並濟：「霹靂手段」是做事的方法，是解決問題的本領更加多元，甚至學會用壞人的方式對付壞人；「菩薩心腸」是做人的風格，考慮問題的初心有善意，從不存心構陷誰。

在複雜的世界裡，首先要擁有保護自己的能力。

34 投資認知，看準趨勢

作為一個碳水和甜品愛好者，我平時喜歡探索各類新品和新店，為了多吃一塊麵包，我甚至願意多跑兩公里。在過去十年裡，我們身邊習以為常的甜品店，反應出了社會經濟和客戶需求的變化，而每一次變化帶來新的規則，有人借助趨勢實現了爆發式增長，也有人忽視了趨勢停在了上一個路口。

「暢元」是我十年前最喜歡的一家甜品店，這間店開在市中心，人潮流量大，天生就有地域優勢。店家在麵包和甜品的製作原料上下功夫，店內拍照也好看，兼具品質和環境，價格與其他烘焙店相比要高出不少。不過，這也篩選出了它的顧客群體——追求個性和生活品質的城市白領。

暢元的老闆在媒體圈有些資源，讓朋友們在社群上發照片打卡，很快就透過口碑行銷迅速累積了一批穩定的客源。

沒過多久，公眾號興起了，有一些烘焙店很快開通了官方帳號，常常發布文字和圖片都很美麗的新品推薦。這個階段，有兩家烘焙店的公眾號做得比較好，一家叫「銀杏」，一家叫「藍風鈴」。

銀杏會經常在公眾號裡做優惠活動，顧客從線上領優惠券去線下消費，帶動不少客流；藍風鈴不只會對線上客戶發放優惠券，對於到店消費的顧客，結帳時還會邀請掃瞄QR碼加入社群，同時加贈一個麵包。

社群裡每天晚上有一次特價秒殺活動，商品是當日沒售罄的麵包，都很新鮮，價格卻是五折。因為這項活動，藍風鈴基本上做到了每天零庫存，因其「絕不賣隔夜麵包」的品牌形象以及務實的價格，社群裡的老客戶們開始自發地、不斷地推薦新客戶。

當銀杏後知後覺地開始經營社群的時候，顧客在藍風鈴那邊已經培養出了消費習慣，加上其穩定的品質和不斷更新的產品，回購率也很高。

半年後，銀杏和藍風鈴的客戶量有了顯著的差異。而這半年裡，暢元的老闆始終沒有關注公眾號和社群這些新趨勢，他堅持認為，只要有匠心做好產品，只要店面經營好，就足夠了。暢元畢竟在三家裡最早起步，客戶數量具備一定先發優勢。短時間內，還不至於被超過太多。

時間來到二〇一六年，這個局面被徹底打破。

藍風鈴入駐了外送平臺，真正把線上業務當成一個獨立板塊做了起來，前幾年累積下來的社群和官方帳號使用者自然成為藍風鈴在外送業務的第一批客源。大家發現，以前訂生日蛋糕要去店面裡翻蛋糕冊，而現在可以用手機挑選直接下單，速度快到當天晚上即可送到。買麵包更方便，不需要一次買好幾天的量囤貨，當天買、當天吃，新鮮又便捷。

這無疑是客戶消費習慣的二次轉變。

不到兩年，藍風鈴的客戶量大幅增長到了五十萬。銀杏緊跟其後，也做了線上業務，但因為做得晚，且社群規模不大，使用者數量在二十萬徘徊。

再看暢元，由於始終缺乏經營客戶群，以及對線上業務的始終猶豫，加上完全不懂逐漸興起的自媒體，逐漸沉寂。疫情更給了只做好線下店生意的暢元最重一擊，門市客流量銳減，只保留了原本市中心的店面，其餘全部關閉。

藍風鈴、銀杏、暢元都是我很喜歡的甜品店，如果單從品質和味道的角度來看，這三家相差不大。但為什麼短短三、四年，藍風鈴把其他兩家遠遠地甩在了身後，做到了當地市場銷售率第一呢？關鍵在於藍風鈴看準趨勢，快速行動。

隨著自媒體興起，藍風鈴做了品牌公眾號，把線下顧客往線上引，建立社群，再透過各種行銷活動把線上的客戶往線下帶，促進購買，形成了一個小封閉循環。

第二個趨勢是外送業務的興起。資料顯示，中國的線上外送客戶量在二〇一六年是〇．六三億人，到二〇一九年已經增長至四．二三億人，而這兩年也正是藍風鈴增長最迅猛的時期，它借助外送平臺把線上業務搭建完備，加上之前在社群和公眾號的先發優勢，實現了市場占有率第一。

再說說另一個品牌，銀杏。如果說，暢元是因為沒有把握好趨勢，而被瓜分了市場，那麼銀杏就很「委屈」了——它也抓住了趨勢，也做了線上、線下的業務結合，但是是因為晚了一步嗎？原因當然不止於此。

先發優勢固然是一種優勢，但在實際經營的過程中，更考驗商家對於顧客回饋的揣摩、對顧客所處環境的理解以及做出的反應，藍風鈴在這一點上更為突出。

之前有一個顧客在藍風鈴的社群裡抱怨一包吐司的量實在太大，自己一個人住，吃三天也吃不完，扔掉太浪費。緊接著有人說果醬也很大瓶，吃兩次膩了，放在冰箱裡，再拿出來就過期了。看似很平常的幾句吐槽，卻引起了藍風鈴老闆的關注。

他在公眾號裡發起一個問卷，用來收集顧客的年齡、性別、職業和買麵包的行為意圖。幾十個社群的問卷結果回收上來以後，顧客群體一目了然：百分之五十是未婚女性。他們早上沒時間在家做早餐，就用麵包代替。有時下午工作累了，會點一份甜品。他們不喜歡加了很多料的麵包，因為不利於控制體重，更愛選擇全麥麵包或是法式長棍麵包、吐司。

藍風鈴迅速對產品做出調整，把分量較大的麵包全部減產，增加了很多輕分量產品，比如三片裝的吐司、迷你小法棍、小罐的果醬和乳酪。同時，它考察了全市的辦公大樓，並從中篩選出人流量最大的三個，在其旁邊開設了三家分店，面積不大但出貨量大。

其實，不僅是藍風鈴的麵包「越做越小」，過去幾年裡，你可能也有所感知，很多東西都在變小，這背後的大資料十分驚人，比如：迷你微波爐銷量增加了百分之九百七十，迷你洗衣機銷量增加了百分之六百三十，有一些專做迷你小家電的企業也借勢崛起。

從現在的視角往回看，我們很容易看出，那個時候正是「一人經濟」崛起的初期。根據資料，二〇一八年中國成年單身人口超過兩億，到了二〇二一年，這個數字是三億。

所有的趨勢，首先是商業模式的創新，帶來了全域性增量，且當供需出現失衡的時候，紅利出現。比如，當我們開始用小程式購物時，大部分商家還沒有意識到它的價值，而提早看到趨勢的少量商家，就會享受到較大的紅利，比如藍風鈴。

企業是這樣，個人也是這樣，**如果希望人生持續盈利，能夠支撐起自己比較自如的生活，也需要不斷提高投資認知、提高對趨勢的敏感度、提高判斷的準確性，從中尋求新的機會。**

一個人一生能經歷的趨勢轉變是很少的。抓住了，當然很好；沒抓住，也不用氣餒。更多的人是在趨勢成形的過程中慢慢反應過來，然後快步跟上。

雖然我是一名作家，似乎只需要在電腦上打打字就好，可是，如果沒有把握住公眾號的興起，如果沒有加入短影音的拍攝，肯定無法讓更多讀者瞭解到我、瞭解到我的書。而我本來只會寫書，無論做公眾號還是拍影音都是新挑戰，雖然經歷了那麼多不順利，卻為自己打開新的一扇窗。

有一次，我無意間在某個 App 上看了自己的學習軌跡，四年一共上了一百〇八門課，聽了六百一十五本書。作為職業作家，學習是我工作的一部分，我有機會比其他大多數職業的人有更多時間和精力研究知識和趨勢，這是莫大的幸運。

這篇文章看似從頭到尾講了賺錢和商業，一點都不寧靜淡泊。可是，人的自在究竟從何而來呢？不是對什麼都不計較，而是認知能力和財務能力都達到了不錯的階段，不再活得侷促。

當我們不知道該投資什麼的時候，就去投資自己的認知吧，這是唯一穩賺不賠的理財產品。

35 爭取利益的三個關鍵

我以前很不好意思談利益，經常吃虧——甚至連「吃虧」這兩個字都不好意思說，覺得這很俗氣，自我安慰這叫大氣。

這個想法糟糕極了，因為幾乎沒有利益會主動擺在面前，所有的方便和權益都需要爭取，於是我逐漸學會了一些方法。

第一個關鍵是延遲答覆。假設你租的房子租約還沒到期，房東卻臨時通知你一個星期內搬走，這時不用立刻答覆，禮貌告訴對方：這個消息讓你很意外，因為合約沒到期，你需要二十四小時思考，第二天答覆他。你用爭取來的一天列清楚自己的條件，比如找到新住處要多久、花費的成本怎麼從押金裡扣除等等細節，然後變被動為主動，再去找房東談。

很多利益談判是別人直接塞到你面前，你既突然又被動，因此一定要學會改變這個局面。我以前總是很快接招，馬上回覆，完全沒必要——別人出給你的難題，你得學會把難題拋回去。

延遲答覆的本質就是變被動為主動，想清楚自己的利益。我們得在自己狀態最好的時候去談判，而不是在對方很凶猛的時候去接招。

第二個關鍵是條件交換。假設同事總是請你幫忙掃描、影印、拿外送這類的小事卻覺得理所當然，絲毫沒有感謝之心時，請一定要讓對方為你做一件事，比如幫你帶杯咖啡、代收快遞，並將理由說清楚：「請你幫我帶杯咖啡吧，之前幫你拿了那麼多次外送，哈哈。」如果對方拒絕，下次絕不再幫他。

我從前以為人大多自覺，其實自私者同樣多，話不挑明，對方可以始終裝傻。

永遠不要把自己變成免費勞力，我們的每一份付出都值得被感謝，都值得交換到同等的善意、幫助或者酬勞。

第三個關鍵是留下憑證。你費心費力爭取到的條件，請保留文字、語音、收據等各種形式的憑據，不要只做口頭交代。每個人的理解不同，沒有憑證，後面說不清楚；另一方面，不排除有些人就是喜歡鑽漏洞耍賴。一定要學會保護自己，留下憑據或者有見證人，才是談判的結果。

就像和老闆討論完工作任務，之後要做的第一件事是什麼？是先複述一遍。特別重要的工作就列印一份文件，請他簽名確認——這就是「對齊」理解，「校正」結果。

善良是修養，也是自我保護。日常生活中會存在一些利用他人低底線的人，任意從善良明理的人手中攫取利益。我們需要掌握一些具體方法，不必讓他們得逞。

36 找準優勢，「降維打擊」

我剛畢業時，應聘一家著名的廣告公司，競爭異常激烈，尤其創意、策劃、文案這類創造性很強的職位更是搶手。我斟酌了自己的條件，投履歷到祕書職。

為什麼？當時有兩個想法：

第一，我的學校不是「211[2]」當中的強校，我雖然是中文系畢業，拿過不少寫作獎項，但是和同樣競爭文案職的名校畢業生相比沒有絕對優勢，可是，我的履歷放在祕書當中，就很出彩。

第二，祕書是總經理身邊的工作崗位，假如我的能力和才華足夠，他一定很快就能發現，等於換個方式爭取機會。

2 在二十一世紀初，為了迎接新技術潮流，中國政府提供資金給一百所大學提升教育資源。

後來筆試、面試都很順利，我如願入職。尤其幸運的是，我和老闆非常合拍。「祕書」需要和所有部門打交道，是一份綜合性的工作，讓我有機會參與創意、行銷、客戶等各個部門的工作。我發現除了寫作，自己在資源整合方面挺有優勢，這是我之前從未察覺的。公司有十幾個祕書，我的業績表現最突出，成為升職速度最快的新人。我的老闆真心為我高興，我直到現在都特別感謝他。

有一次，他問我：「祕書工作應聘者最少，很多心氣高的女孩都看不上，你為什麼把履歷投到這裡？」

我坦誠回答：「我喜歡公司的氛圍，希望自己不要落選，按照『田忌賽馬』的想法，履歷投祕書，我入選的機率更大。」

「田忌賽馬」的策略是：春秋戰國時期，齊國大將田忌和齊威王賽馬，用自己的下等馬對齊威王的上等馬，輸了一局。但是他用中等馬對齊威王的下等馬，用上等馬對齊威王的中等馬，這兩局都贏了。田忌三局兩勝，最終從戰略上獲勝。

老闆說：「田忌賽馬的策略，可以用在任何事情上。」

比如找工作，大家都想選好的公司和平臺，但好的公司和平臺競爭非常激烈，對於不是名校畢業、缺少經驗的應聘者，或許連面試的機會都得不到，不妨試著用「田忌賽馬」的方式去投遞履歷，用自己的高水準部分去競爭對方的中水準部分，獲得壓倒性的優勢，這種思維模型也叫「降維打擊」。

放棄專業科系畢業一定要到相關產業工作的執念，從低門檻的崗位開始，找到一個好平臺，迅速在社會中定位自己，找準方向這也是成事的方式。

人生是一場馬拉松，不是短跑，起點沒有那麼重要，首先獲得入場的資格，然後拚盡全力，在每一個彎道追趕和超越，達到最遠的終點。

37 破除學生思維

當我從幼稚逐漸成熟，處理問題的方式差距還滿大的，主要有三點：

1. 做事開始有目標感

做事時，我不再憑自己的感覺、看當時心情，而是懂得用結果逆推行為。

遇到事情時，我會習慣性問自己：這樣做有什麼結果？這個結果對我有利嗎？對別人有幫助嗎？如果這樣做，最壞的狀況是什麼？

千萬別小看「結果思維」，它讓我做事不再衝動，懂得「話不說死」和「保留餘地」。以前我會說「不行」，現在會說「我考慮一下，晚些給你回覆」；以前會說「我不同意你的看法」，現在會說「我的觀點確實和你不同，給我一點時間思考你的意見」；以前說「這次沒辦法合作了」，現在說「我們爭取下次合作好嗎？」

只是換了一個表達方式，但讓聽者心裡舒適很多，也不給未來的自己添麻煩。

2. 說話經過大腦，不再隨心所欲

我曾經固執地認為自己就是這個樣子，坦坦蕩蕩、真真切切，喜歡我的人自然會喜歡，那些不喜歡我的人才不要去討好。現在，我會換個角度——的確不用討好別人，但也沒必要過分直接和不留情面，觸怒那些原本對我抱持著中間立場的人。畢竟，「喜歡」和「不喜歡」之間還有很大的中間地帶，完全可以用得體的語言和態度爭取這部分人的好感和支援。

假如對方問「這個問題你怎麼看？」，以前我會立刻劈頭蓋臉地說一堆自己的意見，現在則會先試探對方：「有些資訊我還不是很清楚，你是怎麼看這件事？能給我一個參考嗎？」——這句話也請你收下，真的很好用，它是一種緩衝和思考，讓對方感受到你的慎重和尊重。

3. 學會復盤

總結自己遇到的事情、處理的得失，再對照從書裡看到的案例、觀點和原理，不斷反省自己。

有段時間我很焦慮，還很愛「琢磨」自己的焦慮，其實治療焦慮最好的方法就是「具體」，把注意力集中在當下，從身邊最小、最具體的事情做起，哪怕是拖地、擦桌子，也能很快分散焦慮。這個方法不難，很多書裡都有，可是我明明知道卻不用，停在原地焦慮內耗，嘴上還抱怨讀書沒用，這是自討苦吃啊。

讀書肯定有用，但只知道讀書，不會聯想和對照，不知道從行為上糾正自己，才是沒用。

「學生思維」不是「學生的專屬」，「學生氣」也不是貶義詞，而是在那個青澀的年齡，我的知識和經驗有限，眼界和行為也侷限。

年齡漸長，見多識廣，褪去青澀的過程也是一個充滿探險和收穫的過程。

38 實力強的人，更容易被寬容

女兒上幼稚園時，是我事業最低谷。

那時候我還在報社，傳統媒體產業嚴重下滑，每天工作都很忙，但是前途卻十分渺茫。我很少接送女兒，其他家長看到我都會說一句：「你好忙呀。」

我因為心虛，就覺得別人在批評我很少帶孩子，態度越發謙卑：「是呀是呀，工作挺忙的。」於是一些爺爺、奶奶就會更進一步給建議：「當了媽媽，還是要以孩子為主，孩子的每一個成長期錯過就沒了，事業什麼時候都可以再搞。」

我內心委屈，覺得你憑什麼干涉我的事情呢？

可是底氣不足，做不到理直氣壯嗆回去，只好低眉順眼地笑一笑。

漸漸地，我養成「不解釋」的習慣，只做自己的事。

後來，女兒幼稚園中班時，我的第一本書《靈魂有香氣的女子》出版，很意外獲得當年的年中新書榜冠軍。我變得更忙，更少接送孩子，心情更忐忑，但是其他家長對我的態度反而變了，他們很熱情地說：「你那本書挺好看，有空幫我簽個名送朋友。」

我受寵若驚地答應著，內心反思：這種轉變是因為別人勢利嗎？不能這樣說，誰不喜歡有點成績的人呢？如果我廢寢忘食，事業沒起色，孩子也缺少陪伴，別人小看我，這是很正常的想法。

一個既殘酷又真實的狀況是：人大多數時候都會雙標，只對實力強的人寬容，對實力弱的人其實很苛刻。比如 Meta 執行長祖克柏每天穿一樣的衣服，別人覺得他自律而且很勵志；如果其他人天天穿一樣的衣服，別人只會覺得他沒有衣服穿。

解決任何事情的根本不是去在意別人的評價，更不是和自己情緒內耗，而是竭盡全力增強自己的能力。有句話叫「你弱的時候壞人最多」，未必是壞人多，而是因為你弱，抗風險能力太差，別人有點動靜對你都是驚濤駭浪，哪怕一個小機會被奪走，對你來說都是滅頂之災。

人實力弱的時候，情緒也更敏感，別人無心的評價都會讓你感到被針對。就像日本企業家稻盛和夫說的：「站在一樓，有人罵我，我聽見了很生氣；站在十樓，有人罵我，我聽不太清楚，還以為是他在和我打招呼；站在一百樓，有人罵我，我根本看不見也聽不見。」

與其指責別人苛刻，不如自己爬到一百樓。

然後，雜訊就真的消失了。

39 放下精英的傲慢

中國政法大學刑法學教授羅翔說過一個意外，讓他對命運非常惶恐。那次是赴美訪學，在加州柏克萊準備休息野餐，道路很窄，他下意識踩了剎車，當時不知道為什麼要踩，卻發現一個輪胎已經在懸崖上。

按照正常反應，應該是打方向盤，但是就在剎那，旁邊一輛車「呼」的一下開過去，假如打了方向盤，他會被撞下懸崖。後來回想，如果不是命運庇護，生命就沒了，所有夢想和規劃全部煙消雲散。

資深國際記者周軼君也講過一件事，他的朋友做私人財富管理，接觸的都是最有錢的人。

周軼君問朋友：「你能不能告訴我，什麼樣的人能發那麼大的財？」

朋友說：「有三種人，一種像賈伯斯，靠自己發明創造闖出來的企業家。第二種是繼承遺產，第三種是高級上班族，在麥肯錫這種高檔場所辦公。」

周軼君又問：「他們有什麼祕密，賺那麼多的錢？」

朋友回答：「他們三種人都有一個共通性，那就是幸運。」

我有一個略悲觀的想法，運氣某種程度上決定了人生的百分之七十，努力更像給運氣一個交代：你選擇我是對的。

勤奮當然重要，可是世界上一定有人具備賈伯斯的才華，但不見得有賈伯斯的成就和財富。人不但要努力，還要有純粹的運氣。假如過分誇大個人努力，認為個人的成功全部是自己奮發圖強的結果，就會有一種不自覺的傲慢，認為弱勢群體或者不夠成功的人都是因為不努力，所以不值得同情。

可是，事實完全不是這樣。

誰都知道麥可．喬丹是最偉大、最努力的籃球運動員，假如他不是生於體育盛行的時代，不是生於重視籃球運動的美國，他會有那麼成功嗎？假如他生在文藝復興時代的義大利，打籃球一定沒有畫畫受歡迎。

香港電臺早在二〇〇九年八月就推出一檔真人秀節目《窮富翁大作戰》，參加節目的富人用五天時間體驗貧窮：百億家族的繼承者去當清潔人員，四十億家產、開瑪莎拉蒂上班的律師去奶茶店打工，有矽谷工作經歷的上市公司總裁去收垃圾，每天打高爾夫、品紅酒的富二代寄居橋洞，自己找短期打工賺伙食費等，就是讓金字塔頂端上的人一夜落入底層，看他們能不能用高等教育得來的一身本領迅速搞定生活。

最早半途而退的嘉賓叫田北辰，出生香港「江南四大家族」之一的田氏家族，哈佛工商管理碩士，服裝品牌 G2000 是他旗下的產業，在全世界有七百多家門市。兩天下來，田北辰感嘆自己大腦退化：「很奇怪，這兩天只是考慮吃東西，完全沒有別的盼望。完全沒力氣計劃下星期、明年、將來會怎樣，只想解決下一餐。」

這次經歷帶給他許多改變，他不再像別人那樣站在高處，認為「社會正在懲罰不讀書的人」，他說：「社會是極度嚴厲地懲罰讀不了書的人。」

有一句話這麼說：「離開他人的幫助、命運的加持，我們什麼都不是。」**珍惜天分的可貴，做好努力的本分，感激幸運的力量，提醒自己保持謙和與清醒**，世界上有太多東西勞而無功，太多事情竹籃打水，太多平凡人無法選擇，生活中常見的不是「成功」，而是「意外」。

40 別用示弱的姿態去與人交往

傳統家庭教育告訴我，女孩主動表現自己很不得體，會讓別人誤以為我有攻擊性和好勝心。家人要求我溫柔謙和，所以很多年裡我都習慣用無害甚至示弱的方式率先表達友善，博取別人的好感，這種「柔弱交往」讓我碰過很多釘子。

我的第一份工作是總經理祕書，可是所有人都把瑣碎的行政工作交給我，好像我是整個辦公室的祕書。我越謙和、越溫柔，工作量就越大，直到有一次，我通宵加班，累得病倒，老闆好奇：「我交給你的工作有這麼多嗎？」我才說實話。

他說：「筱懿，我的每一任祕書都遇到過和你同樣的問題，被全辦公室差遣，因為他們都是職場新人。你要記得，人都是慕強的，強者才會讓別人意識到『邊界感』，你得大膽表達自己的需求，果斷拒絕不合理要求。如果姿態過低，同事不會覺得你善良謙虛，只會認為你好差遣，具備合理的攻擊性，反而更會獲得尊重。」

於是，我迅速做了改變。

前幾年，我參加一次訪談，同場男嘉賓帶著不耐煩的表情說：「我沒辦法看你的書，甚至有些討厭。」

假如他給我客觀的批評和建議，我會虛心接受，而他的話裡帶有情緒攻擊，我馬上回答：「喜歡我的書的人百分之八十是女性，百分之二十是懂得尊重女性的男人，你兩者都不是。」

我直視他的眼睛，他不迴避，我絕不迴避。

最終，周圍人打了圓場，他也收回了部分傲慢。

有了女兒之後，我特別希望他具備一點攻擊性。

禮貌和客氣在無禮的人面前就是懦弱，敏感與細膩不應該成為被情緒折磨的理由，相信「你強我也強」是一種自信，唯唯諾諾、任人打發的小女孩從來贏得不了尊重。

第五章

自洽

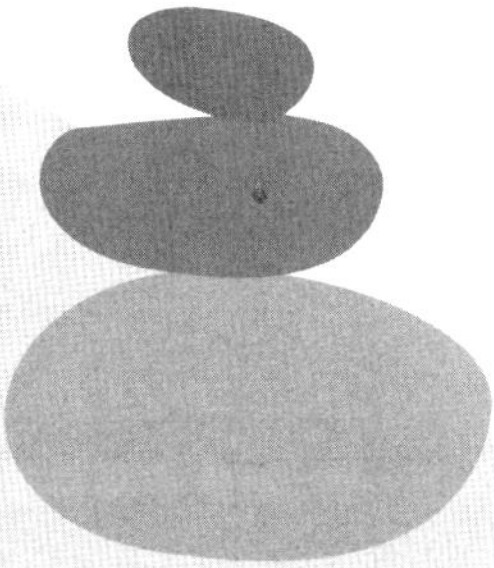

41 演講的六個細節

在演講方面，我不夠聰明也缺少天分，用了很多笨功夫，倒也總結出一些好用的細節：

1. 寫好演講逐字稿

這是講得好不好、邏輯是否清晰的基礎。

有一次，英國前首相邱吉爾要去演講，到達目的地後，司機為他打開車門，他卻沒下來，問原因，他說：「請稍等，我還在看我的即興演講稿。」

即興演講的內容難道不是當場想出來的嗎？

不是。很多精彩的即興演講都是事先做了準備，包括設想假如需要自己發言，能夠講些什麼。極少有毫無準備的精彩演說，大多是反復訓練的結果，邱吉爾這樣的天才也要多次修改演講稿才有信心站上臺。

2. 熟讀演講稿

只有讀出聲音你才知道哪些字句不通順要換掉，哪些邏輯有問題要修改，哪些文字沒有畫面感、缺少感染力要調整。

書面語和口頭語的表達完全不同，書面語要求盡量簡潔，完全沒有「好的」、「那麼」之類無實際意義的詞，可是如果現場演講又沒有字幕提醒，聽眾很難聽懂那些生僻的詞。比如表達「心情緊張」可以用「坐立不安」，這個詞很好懂，但是如果說了「如坐針氈」就很拗口。這些內容讀出聲之後，你會更有語感。

3. 把逐字稿錄成音檔反覆聽

這樣做有兩個好處，一是對內容爛熟於心，在一些不適合看紙本的場合，比如晃動的車廂上盯著字看容易頭暈，音檔反而比較方便；二是模擬協力廠商聽自己的演講，更能挑出毛病也能找到優點。

4. 對著鏡子練習

照鏡子不是自戀，正好相反，是為了看清自己的儀態死角，知道自己做什麼表情和動作不好看，避免去做。

5. 熟悉現場

重要演講都有固定的投影簡報範例、固定背景、站位和提示位置，自己提前練習一遍，熟悉環境之後可以讓心裡更安定、不慌張。

6. 注重服裝和妝容

沒人有義務透過邋遢的外表看見我們發光的內在，服裝顏色和講臺背景不要相同顏色，如果可行，再準備一套備選服裝，萬一在現場不小心弄髒了衣服或者和其他嘉賓撞衫，依然有選擇餘地。

請你相信，假如某人看起來可以很輕鬆地勝任一件事，那一定是因為他之前付出了很多努力，只是沒有被別人看到而已。

42 最好的三句答覆

第一句：「我不太瞭解」。

評論那些我們不以為然的人或者事，不一定要批評，否則太消耗自己的時間和情緒了，還會引起不必要的爭論，可以委婉地說「不瞭解」，主動終止這個話題。

第二句：「謝謝你發現了這一點」。

被別人誇獎時，不用受寵若驚，不必手足無措，也別著急反誇別人，那樣顯得我們不夠自信，好像特別不值得被讚美似的。笑笑地跟對方說一句「謝謝你發現了這一點」，感謝他具有一雙發現優點的眼睛，不卑不亢，也很真誠。

第三句：「我考慮一下，謝謝你在需要的時候想到我」。

不用立刻答應或者拒絕別人的求助，給自己留下充足的思考時間和餘地。答應太快，顯得草率；拒絕太快，顯得無情，這都不是我們希望的結果，不如這句「我考慮一下，謝謝你在需要的時候想到我」，既得體也謙和。

我用了很長時間才學會這三句很簡單的話，從此不僅改變了說話風格，最重要是改變了我的思考風格，讓我既能夠與對方共情也不委屈自己。

43 提升權威感的三個重點

親和力是優點，但是「親和力」需要和「權威感」結合，才是真正的優點。

《論語》說「近之則不孫，遠之則怨」，意思是：過於親近會缺少尊敬，過於疏遠會產生怨氣。持久的關係需要一點「又愛又怕」，怕不是害怕，而是內心保持尊重，這就是權威感。那麼怎樣獲得權威感？

第一是擁有「核心競爭力」。

簡單說來就是一個人獨特的本事，他在這方面特別強，很難被超越，於是他的言行舉止即便親切也不會讓人小看，他的低調被解讀為「謙遜」。

「權威感」不是凶悍更不是花架子，而是實力。前女子跳水運動員郭晶晶很溫柔吧？他從來不撂狠話，但是依舊讓人尊敬，別人嫁入豪門被看作高攀，而他是豪門高攀了他——人家十四年獲得過三十一個冠軍，成就全靠自己，難以超越。

這種實力，才是權威感的基礎。

第二是情緒穩定。

有種流行說法叫「當個沒有情緒的人」，但是這不科學。是個人就不可能沒有情緒，「情緒穩定」不是徹底戒掉情緒、完全沒有情緒，而是情緒的波動幅度沒那麼大。可以傷心，但是不會傷心太久；可以生氣，但不會暴跳如雷；可以敏感，但不會喜怒無常；可以焦慮，但能夠自我開解。

情緒穩定代表著一種確定性，是支撐自己和別人的穩定性，「權威感」恰恰就是確定性，在不確定的世界裡做到相對穩定，這就是權威。

第三是話少、思考多。

假如某個人性格一覽無餘，被大多數人一眼看透，他不可能具備權威感。《增廣賢文》裡有句「貴人語少，貧子話多」，意思是：重要的人物平日裡廢話很少，更沒有精力搬弄口舌是非，說話必定言之有物；而話多的人通常廢話連篇，甚至喜歡挑撥離間。

說話太多，留給做事的時間必然減少，就難以成事了。

權威感，也來自「把事情做成」的能力。

44 讓反應更快的兩個技巧

與人交談中，要怎麼快速反應，既能迅速接住別人的話題也能化解尷尬？

我不是天生敏捷，經常口拙。仔細觀察那些機智的人，發現他們很有技巧，在此分享兩個特別好用的技巧。

第一個技巧是延長反應時間。

我們為什麼沒辦法迅速做出反應？因為大腦中沒有思考出答案，於是需要爭取到更多的思考時間。

二十年前，我參加某次培訓，主講人是來自新加坡經驗非常豐富的講師，他向學員提問：「如果你作為講師，被問到一個很難回答的問題怎麼辦？」

大家竊竊私語，各有各的方法。

最後，講師給出的答案特別智慧。他說：「你問的問題很好，我想聽聽大家的意見。A同學你怎麼看？嗯，很棒！B同學你怎麼看？嗯，有道理。C同學你呢？好的，大家的看法都有各自的角度，我來談談我的觀點。」

看出來了嗎？他最大的技巧，其實是為自己爭取了思考問題的時間，有足夠的思考，才能想出答案。延長反應時間方面，我還有一個技巧，就是重複對方的話。挑選對方剛剛說過的一句話問他：「欸，你剛才說自律不是完全靠意志力，這個觀點讓我很有感，你能詳細說說看嗎？」

對方在回答你的時候，其實你已經爭取了更多讓自己思考的時間。

第二個技巧是把不好接的話題拋回去。

演員馬伊琍在頒獎典禮上被主持人陳蓉問：「想和張國立老師演父女、夫妻還是情侶呢？」這個問題有點刁鑽。他的回答是：「那得問國立叔叔啊，你想跟我演什麼樣的搭檔呢？」你看，他把這個問題拋給了張國立老師做選擇，很尊重對方，沒有自己擅自決定。

另外有個典故，宋美齡和邱吉爾關係不好，因為他覺得邱吉爾在二戰中對中國的態度不夠友好，結果兩個人在開羅會議相遇。

邱吉爾問宋美齡：「夫人，你是不是覺得我是個很不好相處的老頭子？」

宋美齡回答：「請問您自己怎麼看？」

邱吉爾說：「我自認為不是個壞人。」

宋美齡微笑：「那就好。」

宋美齡同樣把話題拋給了對方。

我們之所以覺得接不住對方的話題，那是因為潛意識覺得自己有回答的義務，有接住這個話題的義務，其實並不是，我們同樣有不接話題的權利和繞過話題的自由。

快速反應不是一朝一夕練就，這背後傾注了大量的閱讀和交談的功夫。

反應慢也並不是缺點，「快」與「慢」有時只不過是不同的風格。

45 正確接受善意的三個原則

我特別害怕欠人情，曾經有兩個並不得體的行為：

一是，別人送的禮物，我會記下禮物的價值，儘快回贈一個等值的禮物。

二是，我不願意找人幫忙辦事，覺得這是打擾和麻煩。

其實，這些做法對真正的朋友和真正的善意是錯誤的，原因有三個：

第一，立刻回贈朋友等值的禮物等於把友情當作是「一借一還」，是堅決不肯占對方便宜的意思，也暗暗表達了不想讓對方占到自己便宜。

第二，千萬不要立刻回禮，那等於是說你完全不願意承朋友的情，而且他的禮物讓你覺得像個燙手山芋似的，太急切要還給對方，這挺傷人。

有句話很形象：你送他一顆糖，他立刻回贈你一顆棗的人，可以合作，但不適合做朋友。友情比商業關係溫暖、鬆弛得多，「明碼標價立即償還」不是禮貌，反而是疏遠。

第三，如果回禮，不必回完全等值的禮物，甚至比人家的禮物還貴重很多，這未必是尊重，反而讓人很下不了臺，因為送禮不是攀比。

我八月三日生日，兩個好朋友是八月底和九月初生日，我回禮通常是他們送我禮物的七、八折左右，平時多請吃飯，分享小東西，並不拘泥只在生日互贈禮物，關係保持了很多年。

我以前覺得，善意就是有來有往，而且把禮貌和得體看得太重。後來，經常有朋友說我冷冰冰的，我想了很久恍然大悟：人與人之間長久的親密不是等價交換那麼刻板，這會顯得既功利也缺少人情味。

坦然地給予和接受，力所能及地幫助，有分寸地彼此麻煩一下，才是真正隨性的友情。

46 倒金字塔結構的說話方式

以前當記者時，我經常使用「倒金字塔結構」寫稿，簡單地說，就是把最重要的內容放在最前面，比較重要的放在第二段，最不重要的放在最後一段，整體構架像一個倒立的金字塔，內容的重要程度逐步遞減。

「倒金字塔結構」同樣可以用在日常對話之中，講話立刻變得重點突出、不囉唆。舉個例子，好友問《甄嬛傳》好不好看，你怎麼回答？

「倒金字塔結構」會這麼說：

第一段先說：「這部劇滿好看的。」

好看這是最重要的結論，放在最前面說。有些人講話讓聽眾乾著急，就是因為他們把結論放在最後，推論過程又很囉唆，讓人想睡。一定要記得把結論或者目標放在最前面，比如開會時，必須提前說明這次會議的目的是什麼：總結一週工作，還是討論年會方案？結論和目的通常是一段話最重要的內容，所以最先說。

第二段解釋《甄嬛傳》講了哪些內容、為什麼好看。可以嘗試這樣說：「這是最經典的宮鬥劇，但是不俗氣，既有友情幻滅，也有『girls help girls』，既有職場鬥爭也有人性的深度分析，最難得是人物刻畫立體，華妃、皇后、安陵容這些經典反派角色也都有血有肉有苦衷，代入感很強。」

第三段是結尾。

寫新聞講究「鳳頭、豬肚、豹尾」，開篇要像鳳凰頭一樣惹人注目，中間要像豬的肚子一樣資訊完整，結尾要像豹的尾巴一樣有力。但是，日常對話當中，我建議結尾替自己這段話總結，同時還要留給對方一個話頭，避免你說完了之後，別人不知道從哪裡接話。

我們回到《甄媛傳》好不好看這個問題，可以嘗試這樣說：「總之，我覺得這部劇滿值得看。對了，你看到別的評論怎麼說？打算去看劇嗎？」

用這種結構說話，既抓住了重點也有自己的觀點，同時還留給別人接話的空間，讓對話能夠繼續。

會聊天的人，通常都不把話題「打死結」，而會留下別人能接上的伏筆——「你看到別的評論怎麼說？打算去看劇嗎」這句話就是伏筆。

熟能生巧，用久了你會發現，「倒金字塔結構」不僅鍛鍊了說話的能力，更大幅提升了思維的能力。

47 扮演一個自信的人

你是原生性格很自信的人嗎？我不是。

很久以來，我在扮演著一個自信的人，直到演得越來越久，入戲很深，終於真正有了自信。

法國精神科醫生、心理治療師弗雷德里克・方熱（Frédéric Fanget）在《醫治受傷的自信》一書中提到一個觀點叫「演久成真」（fake it until you make it），一直假裝直到你做到。

我原本認為只有內心強大後才可以找到自信，弗雷德里克醫生的觀點很不同：「人完全可以先在行為上表現出自己擁有某種特質，進而透過獲得他人積極的回饋影響我們內在的狀態和認知。」簡單說來就是先模仿你想成為的狀態或者人物，模仿久了，那樣就是真實的你。

當我扮演「自信的人」時，會問自己：真正自信的人會怎麼樣說話？

1. 放慢語速

日常對話的語速通常是每分鐘兩百四十字左右，受過專業訓練的播音員借助字幕輔助，可以達到語速每分鐘三百二十字也能讓別人聽清楚。假如平時語速太快，就會給人倉促、不自信的印象，所以我從糾正語速開始訓練語感。

找一篇五百字左右的文章（例如報紙上的新聞稿），用手機錄下自己朗讀的情形，算算自己一分鐘說了多少字，調整語速的快慢。

為什麼選新聞稿？因為新聞稿通常簡潔明確、邏輯性強，讀久了自己說話也會變得簡明扼要。讀完新聞類稿件，如果希望再提升表達能力，可以讀經典的散文、看訪談類節目和辯論賽等等，觀察不同場合下不同性格的人如何自信地表達，潛移默化被影響，逐漸形成自己的風格。

2. 戒掉語助詞

「嗯、啊、然後、那個」……不說語助詞之後，所說的話會給人表達清楚的感覺，也會顯得更有信心。「今天天氣很好，我的心情也跟著愉快起來。」假如把這句話加上很多語助詞：「今天這個天氣啊，很好，然後我的心情呢，也跟著滿愉快的。」多加的語助詞毫無意義，還把一句話破壞得七零八落。我們平時可以用手機錄下自己和好朋友自然說話的狀態，把語助詞和口頭禪找出來，立刻停用。

3. 短暫的停頓

我以前總是急著把話說完，急切之下語速容易變快，造成大腦反應跟不上嘴的狀況，嘴上還在說，但是腦子裡的內容超前太多，表達出來的話就囉唆。然而，若每句話之間停頓兩、三秒，給自己留一些思考的時間，想好一句再說一句，不僅表達得清楚，也顯得說話更有分量。

4. 熟練運用「一二三法則」

用邏輯整理的方式把複雜內容分成「一、二、三」三個點，逐項去講，立刻提升語言的清晰程度，別人更容易聽懂，也會覺得言之有物，連帶著判斷講話者很自信。

當我扮演「自信的人」時，也會問自己：真正自信的人會有什麼樣的舉動？他們肢體語言很穩定，不會有太多小動作；眼神平靜、平和，敢於直接迎上別人的目光；無論個頭高矮都保持抬頭挺胸，從不彎腰駝背……這些外在可以透過運動、形體、照鏡子或者錄影糾正，但真正自信的人，他們的內心是——**接納並且喜歡自己，與缺點和諧相處**。

舒淇有段很有趣的採訪，他說：「自信也是『裝出來的』，走紅毯的時候，你還是會感到不自信，覺得這件衣服到底好不好看，拍戲也會質疑自己適不適合這個角色，自信是因為累積了很多的不自信，必須要克服這些東西。」

怎麼會呢？他可是舒淇啊，紅毯上鬆弛自在盛放著的獨特花朵。但是，他也會去假裝一個自信的人，直到真正的自信撐破不自信的網，在最外面開出花來。

你看，扮演出來的自信和篤定，在得到他人的積極反應後，的確能幫助我們真正提升自信。

實際上男人比女人更擅長「扮演自信」，他們為了被周圍人群、被社會接納，體現出男子氣概，容易會去自我包裝和假裝自信，二〇一〇年的一項研究佐證了這個觀點。研究人員在探索自信的性別差異時發現，自信水準在男性和女性身上並沒有顯著差異（Johansson-Stenman & Nordblom，2010），表現得「莫名有自信」也只是男性為了適應社會習得的偽裝而已，而信心上的差異卻成了男性薪資水準更高的原因之一（Risse, Farrell, & Fry，2018）。

「看起來自信的人」未必更自信，名人未必更自信，男人未必更自信。

自信不是天生的，而是後天培養和訓練出的素質，你我皆可透過調整、學習與閱歷而擁有自信。

48 問清楚對方的動機

回答別人的問題之前，先問清楚他的動機，不讓自己陷入被動。比如，別人問你下班了有沒有事，不一定是想約吃飯，也許是想讓你幫他搬東西。你說沒事，那正好。別人問你假期準備出去自駕旅行嗎，你說是的，他說正好也想出去，正好搭你的順風車。同事問你週末有沒有安排，你說沒有，他說剛好要參加朋友婚禮，請你代為加班。

很多問題回答得太快，會陷入尷尬，所以我們在回答問題前，先問一句：「你有什麼事情嗎？」等對方說出具體事由，要搬東西、想搭車、代班，我們再回覆，能替自己避免很多麻煩。

我在做總經理祕書時，經常有人問：「筱懿，徐總他在嗎？我找他簽名。」平時再熟的同事，我都會反問：「你是要申請什麼，需要簽字？」對方說明是專案申報、財務核算還是工作總結，我再回答：「我先記下來，稍後和徐總確認再通知你。」

祕書的工作不是替員工傳話給老闆，而是大幅節約老闆的時間和精力，幫助老闆提升效率。

還有一類欠缺分寸感的人會問：「聽說你爸爸和上司很熟？你有男朋友嗎？你們公司三節獎金發多少？」

我們可以直接反問：「你怎麼想起來要問這個呢？」

問完安靜地看著對方，讓他意識到問題越界了，也表達你的不配合和不愉快。

生活不是搶答題，慢慢來、想周全，更有說話和做事的主動權。

49　多傾聽，多提開放式問題

剛做記者時，帶我入行的資深記者們分享了一個共識：真正會聊天的人，都不是口若懸河，而是掌握了兩個方法。

第一個方法是多傾聽。

面對採訪對象時，傾聽和講話的比例控制在七比三，讓對方說七成，自己說三成。傾聽的時候有動作回應，多點頭，甚至重複一、兩句對方的話，讓別人感受到你聽得很認真，激發他繼續講下去的意願。這個方法也適用於陌生場合的交流，我們剛到一個環境，不瞭解周圍的人與事，多聽、多記、多觀察，把更多表達的時間留給別人，熟悉狀況之後，再主動表明自己的觀點。

有些不善言辭的人，面對話多的人會尤其緊張，說話欲望更低，如果交談變成了一個人的演講，對方肯定有不好的感受。

第二個方法是使用開放式提問，而不是封閉式提問。

這兩個詞都是專業術語，「封閉式提問」就像填問卷，比如：你是北京人嗎？這是你的狗嗎？你今天上班嗎？這些問題用「是」或「否」兩個字就能結束談話。「開放式提問」得用自己的話來詳細說明問題，比如：北京有哪些很棒的咖啡館？你的狗狗毛長得真漂亮，平時吃什麼呢？你是做什麼行業的？我當記者時經常問：「你對這件事怎麼看？當時發生了什麼？很難過的時候你是怎麼走過來的？」

開放式問題的高明之處在於它一下子延伸了話題，讓別人有話可說，而不是成為話題終結者。

多傾聽、多提開放式問題，這不是技巧，而是內心真誠的流露，代表你對別人是關心的、感興趣的，這種誠懇的態度本身就會受到歡迎。

50　溝通的利他性

有人問牧師：「祈禱的時候，可以抽菸嗎？」
牧師回答：「絕對不行，這是不尊重神。」
另一個人換了個問法：「我在抽菸的時候，也可以祈禱嗎？」
牧師回答：「可以。」
同樣的問題，得到的回覆卻截然不同，可見說話的先後順序是多麼重要，於是有了「溝通的四個黃金法則」：

1. 先說對方想聽的。
2. 再說對方聽得進的。
3. 然後說你應該說的。
4. 最後說你想說的。

十幾年前，我在報社當廣告部主任，打算選拔一個女孩做我的副手，他能力很強，幫我很多忙，但資歷不夠，我按照「溝通四條黃金法則」嘗試向社長彙報。

1. **先說對方想聽的**：任何老闆都希望聽到業績增長的消息，我先聊了九到十二月廣告業務有希望實現大幅增長，他立刻興致勃勃——我們特別需要注意自己的說話順序，開口之前一定要思考清楚對方究竟想聽什麼內容，把對方感興趣的話題放在最前面。

2. **再說對方聽得進的**：我接下來說到業績增長的具體辦法，包括需要哪些人員和計劃支持，也提到了那個女孩出色的能力將對實現業績目標幫助很大。這樣講，社長聽得進去，感覺要求合理，而不會誤解我有私心選擇不合適的人。

3. **說你應該說的**：接下來，我很自然提到希望選女孩做我的副手，這是本次溝通的核心，也是完成業績的重點。我得直截了當說，坦白自己並沒有私心，完全出於工作需要，女孩資歷上的弱點可以在業績數額上提更高的目標和要求，既公開也公平。說完，我看出社長沒有反對。

4. **最後說你想說的**：這是談話的收尾，讓溝通在融洽的氛圍中結束。我表態，盡全力超額完成全年銷售任務。今天彙報的所有規劃都是為了讓目標更加順利地完成，而社長的狀態很放鬆，也開了幾句玩笑。

幾天以後，我收到通知，業務規劃和女孩的升職計劃都通過了。

那之後有很多年，我聽到過很多讓人惱火的溝通。有一次，我和一位銷售說到他的業績下滑很嚴重，他馬上回答：「因為全行業都下滑，其他公司下降更多。」

我問他有沒有辦法在逆勢中盡量做些挽回，他想都不想說：「很難。」

再好的脾氣也很難包容這種態度，面對你的一個問題，他有十個藉口，而且沒有一個和主動努力有關，聽起來都是「別人的錯誤、行業的問題，我是無辜的」。

溝通的四個黃金法則表面上看來是說話的先後順序，根本的出發點則是「利他性」：先站在對方角度考慮問題，瞭解對方所思所想，與對方「同頻共振」，再提出自己的要求，證明要求中的合理性，爭取對方的支援，共同達成目標。

第六章

自如

51　如何把對抗轉化成合作

有段時間我覺得自己處處碰壁，進展不順。週末說好出去郊遊，要準備出門的時候，女兒卻改主意，更想待在家裡 Cosplay 自拍；團隊努力了一週的計劃，客戶卻提出更新的想法；董事會上，投資人股東徹底否定了我信心滿滿的新項目……似乎人人都在和自己作對，讓我不得不去學習：如何把對抗關係轉化為合作呢？

在摸索中，我發現很多對抗關係本質上是思維被限定的結果，轉換思維後能化解很多矛盾，我試過三種思維模式都很好用。

1. 逆向思維：反對不如結盟，和「敵人」做朋友

在工作中會遇到各式各樣的人，有些人合作起來很簡單，也有些人相對困難，還有些人看起來根本無法合作，甚至會唱反調。遇上第三種，正面對抗不僅會造成兩

敗俱傷，也違背了職場共贏的原則。在這個時候，我願意先給予，先把我的誠意和價值最大化傳遞給對方，緩解對抗的緊張情緒，當對立的局面被打開，合作也就有了可能。

前些年，我的一本書在收尾階段發現書名和另外一位作者撞名了，我們的書同書名、同時間準備發行。得知消息的當天下午，整個團隊都很沮喪，這怎麼辦呢？我把自己放在對方的位置反復思考，對方改名成本會不會很大？是不是宣傳資訊都已經準備好了？如果我來改書名會不會可控性更強？最終，我決定改名。

晚上，我和編輯一起開會，重新整理了稿件的順序，重新規劃了書名，甚至由於這次意外，我們又有了很多靈光乍現的新想法，對這本書的理解層次也更多元，雖然最終將延遲十五天左右的時間上架，但這些修改無疑是將書最佳化。

在修改過程中，我接到了另外那位作者從國外打回來的電話，他說自己並不知道會和我的書撞名，甚至宣傳都已經做好，協商是否可以共同解決。我寬慰他，自己已經改了書名，請他按照原計劃出版發行。想到同一個書名，說明我們有默契，雖然調整書名讓我和團隊多花了十幾天，但總比耽誤兩本不錯的書「划算」得多。

他很意外，語氣誠懇地道謝，在後來的出版與合作中，我們關係融洽，各自的書銷量都不錯。我也很慶幸這次「逆向思維」，「重名」是意外並不是故意為之，如果帶著「憑什麼是我改」的執念不讓也不知道對方進度怎樣，只會兩敗俱傷啊。

某些「敵人」只是我們的假想敵，其實是利益和目標不同，放開胸懷和心態，把思維逆轉，很有可能就此解開了對抗的局面。

2.開放思維：求同存異，接受差異化合作

婚姻專家發現，那些比較健康的長期關係，情感類型都是「友伴式」關係，而不是「激情式」關係。一對夫妻，只有百分之三十的部分是一致的，另外百分之七十都有可能產生分歧，同時也難以改變。正因為每個人都是獨特的個體，所以生活中更需要合作，而拒絕差異化就會和親密的人陷入對抗的局面。

在「中國95後資料報告」中，有一項「最看重伴侶什麼條件」研究調查，其中百分之六十一的女性和百分之四十六的男性選擇了「價值觀一致」的選項。只是價值觀一致不是非要有著一模一樣的愛好、興趣，而是彼此之間能夠求同存異，理解並包容對方的不一樣。你喜歡看電影，他喜歡打遊戲，這不叫觀念不合；你喜歡看電影，他卻說看電影就是為了裝文藝，嗤之以鼻，這才叫觀念不合。

在這個前提下，很多看起來不「登對」的伴侶或者夫妻，實際上滿幸福的。比如劉嘉玲和梁朝偉，大俗大雅、大開大合，梁朝偉這種文藝男神放在現實生活中，不是人人都能吃得消。

劉嘉玲在一檔真人秀節目中談到梁朝偉，說大家看到的永遠是梁朝偉最好的一面，不那麼好的全被他看見。劉嘉玲的語氣中沒有抱怨，反而充滿了理解和欣賞，他說正是因為這些不被別人看到的特質才成就了梁朝偉。

大到婚禮流程，小到裝修瑣事，都是劉嘉玲一手包辦，被問到在婚禮上負責什麼時，梁朝偉理所當然地回答：「我去享受。」家裡裝修之前他拖著行李箱出門，直到裝修妥當了，他再拖著行李箱回去。

他不擅長人情世故，陪劉嘉玲一起去參加宴會，別人都在敬酒敘舊，他自己坐在一旁。劉嘉玲卻相反，他不疏離人際關係，是社交達人，也沒有那麼多憂鬱，梁朝偉願意花時間去倫敦餵鴿子，他更願意投資和拍廣告。

梁朝偉生日時，劉嘉玲發微博說：「愛不是改變對方，而是在旁守候。」他一直盡力守護梁朝偉的天真氣，而梁朝偉在採訪中，也坦率承認自己對劉嘉玲的信任和依賴，他說：「很多事情，我願意聽劉嘉玲的。」

心理學家大衛・史納奇在《充滿激情的婚姻》一書中談道：「成功的婚姻有一個共同的關鍵，就是能從想要被認可過渡到想要被瞭解。」就像劉嘉玲和梁朝偉，一個入世，一個出世，卻能在彼此包容和理解中找到合作方式，求同存異，更能達到觀念基本一致。

3. 共贏思維：用同理心找到雙方利益共同點

前些年的職場話題，特別奉行「要麼忍，要麼狠，要麼滾」的三定律。說起來好像挺帶感，但如果帶著這麼大的戾氣工作，可能已經誤解了工作本身的目的。

真實職場的大多矛盾和對抗，一方面是利益，另一方面是人際關係處理不當，尤其是沒有恰當把握自己的情緒或者誤解了別人的情緒。

美國心理學家卡爾・羅傑斯最早提出「同理心」的概念，是指在人際交往過程中能夠體會他人的情緒和想法、理解他人的立場和感受，並站在他人的角度思考和處理問題的能力。因此，同理心是一種具備實際操作性且可以後天培養的技能。

運用同理心，分析對抗雙方的矛盾點和對抗的真實原因，能夠找到自己和對方的連接點，合作就會有更大的可能性。比如：或許對方覺得你能力和經驗都不夠，不拿你當一回事；或許你的存在或所做的事，對對方的利益構成了威脅；又或者是單純對你不服氣，看不慣你的某些言行。

轉換思維，站在別人的角度審視自己，往往會發現對方的情緒其實也有一定的道理。從學生時代開始，我們就在比較和競爭中實現自我價值，常會認為他人的失敗才能帶來自己的成功，於是把大部分精力投入競爭——這是典型的「你輸我贏」的刻板思維。

史蒂芬．柯維很早就在《與成功有約：高效能人士的七個習慣》裡，提到了獲得公眾領域成功的三個習慣：雙贏思維、知彼解己和統合綜效——每一個都需要他人的配合。

職場是一個雙贏的地方，個人能力再強也需要學習合作，即使「同理心」永遠無法達到「完完全全的共情」，也能讓我們換一個更多方的角度思考問題，換一種更可行的方式解決矛盾。

嘗試了各種方法後，「對抗」依舊無法轉化為「合作」，那也沒什麼大不了。畢竟還有一種關係叫作「無關的淡漠」，沒有誰是完全不可取代的，毫無意義的持續對抗就是一種偏執，我們應該儘早遠離偏執的人與事。

52 巧妙化解尷尬

我遇過一種人，他一直說個不停，別人完全插不上話，不能每次都生硬打斷，怎麼辦？

我有一個很好用的小方法：掉東西到地上，類似鑰匙、筆、衛生紙之類，自己一邊彎腰撿東西，一邊開始說話，不知不覺中斷對方，而且不生硬也不尷尬，然後自己來終結話題，順利結束談話。

如果有人對你發火怎麼辦？也吼回去嗎？千萬別這樣。

保持鎮定，對方就會逐漸被動和無措。如果發火的人特別沒有道理，你希望拿回控場權，更進一步的方法是：完全不予理會，該做什麼做什麼，看書、整理桌子或者離開現場都行。因為對方在用「發火」製造一種他在控場的氛圍，你不接招並且打破這種氛圍，就是把主動權拿回自己手裡。

問題等平靜之後再解決，發火除了製造焦慮，無法處理好問題。

在背後議論別人是非，有用嗎？其實對說話者有副作用。

心理學上有個現象叫作「無意識特徵轉移」——當我們說某人很真誠、善良，聽眾會下意識把這些特質聯想到我們身上。同樣，如果有人總是暗地說別人壞話，聽眾也會把這種負面特質聯想到他身上。所以，克制背後非議，也盡量不要當壞消息的傳遞者。

那麼在某個重要場合，你突然很緊張，怎麼辦？

不要咬指甲或者走來走去，深呼吸也沒那麼管用，我試過最有效的辦法是嚼口香糖，咀嚼的動作更能化解我的緊張感。在進化過程中，動物只有處在安全狀態才會進食，「吃東西」這個行為就代表著安全，身體會不由自主放鬆，也能轉移掉一部分注意力，所以我在演講或者大型活動之前，都會帶口香糖。

你幫助了對方，他拚命感謝，那要怎麼回覆呢？

我以前常說：「沒關係，小事情，別放在心上。」這個說法其實不妥，既弱化了自己幫的這個忙，也讓對方感到他的請求無足輕重。

更好用的回答是：「別客氣，假如下次我有需要的地方，還要麻煩你呢。」

給彼此關係一個伏筆，讓對方有主動回饋你的機會，而不是只能被動地接受幫助，他的感受也會好很多。

53 良好的關係＝開放＋回應

怎樣和別人維持良好的關係？

奇普．希思是史丹佛商學院組織行為學教授，丹．希思是杜克大學社會企業精神推廣中心資深研究員，這對兄弟總結的公式為：親密良好的關係＝開放＋回應。

所謂「開放」，我理解為保持信任，沒有刻意去防備對方，對彼此都有瞭解的欲望，不僅瞭解光鮮照人的那一面，也瞭解脆弱甚至出糗的事情，相互之間不需要偽裝。比如，我願意向你袒露自己的某個弱點——我有點情緒化，有點愛哭；然後你也向我展現了一個弱點——有嚴重的社交恐懼症，人多會緊張。弱點「交換」後，這種不設防的感覺迅速提高兩個人的親密程度，所以一起做過一點小壞事的人關係往往特別親密。特別需要注意的是，此處的「弱點」是小問題而不是大祕密，深層的遺憾和祕密永遠存放在自己內心。

那麼密切的關係怎樣長期保持的？關鍵字是「回應」。

這是社會心理學家哈利．萊斯在二〇〇七年提出的理論。他認為，好關係的關鍵是「我們互相能夠響應和感知到對方」，而「響應」由三個層面組成：第一層是理解，你瞭解我，而且你還瞭解我怎麼看待自己，什麼東西對我最重要，我又討厭什麼。第二層是接受，我想要什麼、我是什麼樣的人，即便你並不認同，你還是需要對此表示尊重。第三層是關心，在我需要的時候，你能夠為我提供力所能及的幫助，這種幫助是主動並且樂意的，不是被迫或者出於某個功利目的。

所以，沒有「回應」就沒有好關係。

聽起來也太簡單，這難道不是顯而易見的嗎？還真不是。

實際上，我們恰恰因為不懂這個道理而沒有處理好很多關係。就拿瞭解這件事舉例，很多男人一到情人節就困惑，為什麼女朋友都不喜歡自己送的東西？不符合心意源於不瞭解，他不清楚自己的女朋友究竟更喜歡買包包還是去旅行，甚至不能接受女孩喜歡買包包，認為這是愛慕虛榮。

其實，在女性看來，包包更像一個可以隨手拎著的房子，這個「房子」裡裝進了大量必需品和隱私：口紅、鑰匙、衛生紙、香水、記事本、衛生棉……

因為不瞭解和不接受，很多男性表達的關心都不在點上，執意送女朋友一支顏色奇怪的口紅或者一本書，那人家就是不開心啊。

所以，親密良好的關係就是開放＋回應。

其中「開放」是信任，既瞭解對方的優點也知道對方的缺點，既願意讓對方看到自己優秀的正面，也敢於把自己平凡甚至陰影的側面展現給對方。

「回應」則代表著理解和接受，即便對方持有與你不同的觀點，你也並不想去糾正，不把自己的喜好強加給他，給出恰當的關心。

54 健康人際關係的六個特點

怎麼判斷一個人是否值得交往呢？這個問題困惑了我很久，後來我讀了美國心理學家亨利．克勞德《他人的力量》一書，豁然開朗。

他總結出健康的關係具有六個特點：

1. 總會主動想爲彼此做點什麼

健康關係的基礎就是雙方都會考慮彼此的需求和利益，遇到一些利益矛盾時，雙方也都會主動去想「怎麼樣對我們兩人都有好處」，而不是傷害對方，只為自己爭取利益。我覺得這是所有關係的基礎。這幾年我創業特別忙，最好的朋友總是率先聯絡我，他說我更忙，所以他應該更主動、更為我考慮，我心裡升起的那股溫暖是很難用語言描述的。

健康的關係裡，一定是兩個人都不自私。

2. 彼此的交流善意而真誠

這些年，我放棄了很多關係，因為我無法在對方面前真實表達自己，假如我不附和、不贊同，對方就會生氣。在健康的關係裡，你能感受到對方會努力試著去理解，而不是站在自己的角度大肆批判你。

3. 尊重彼此的原則

能讓我敢於拒絕和說不的關係，才是真實的。比如我不喜歡說廢話、珍惜自己的時間、不愛聊別人的隱私，對方需要尊重我，我也會尊重對方的規則，哪怕這個規則在別人眼裡有點奇怪。

我們絕不會故意侵犯，或者想要控制對方。

4. 情緒獨立

二十幾歲時，我交過一個非常強勢的男朋友，他要求我時刻跟他共情，假如他不快樂，我就有責任想盡辦法讓他開心起來。這真的太難了，我願意安慰他，但難以承擔他所有的情緒問題。健康的人際關係裡，彼此的情緒本就是獨立的，不會把責任推卸給對方，也不會替對方承擔所有責任，因為我們根本就負擔不了。

你沒有義務逗樂別人，沒有義務為別人的負面情緒收拾爛攤子，人應該具備讓自己快樂起來的原動力，而不是等待別人救贖。

5. 適度依賴

這項和獨立並不矛盾，健康關係裡的「獨立」和「依賴」原本就是並存的。

適度依賴是指當雙方有需要時，敢於向對方求助，而不是怕對方嫌自己麻煩，什麼都不敢說。比如，步入老年後，我父親變得有些悲觀，他總是對我欲言又止，希望我主動發現他的需求並且滿足，這真的太難了——我們的年齡、生活節奏完全不同，我再細心也無法注意到他的所有需求。

我們認真談了一次，我說：「爸爸，你是我最親近的人，有什麼事直接說，我也會很直接，能做到就做，有難度我會盡全力努力，實在做不到，我就老老實實地告訴你。」

爸爸回答：「你太忙了，我不好意思打擾你。」

我氣笑了：「然而你悶在心裡，又覺得委屈。」

自從我們說開之後，爸爸變得輕鬆很多，他敢於對我提要求，我也敢於答應或者拒絕，關係親密融洽，而不是客氣生疏。

6. 感受到成長

你覺得自己變成了更好的人，對方也是，這是良好關係最重要的表現和收穫。

稻盛和夫說：「學會用離開的方式善待自己。離開某些人不是因為他們不好，而是因為跟他們在一起讓我的狀態不好。如果對方很容易激發我的脆弱、焦慮和不安而我又無法改變，離開才是最好的選擇。」

我曾經花費大量精力去維護與他人的關係，而用這六個標準衡量之後，我對人際關係瞭解得更加透澈，能更加理性地判斷對方是否值得交往。

身邊人來人往，關係都是流動的，老友或許走散，新人也能帶來驚喜，**簡單、健康的人際關係，才是幸福的基礎**。

55 結交「貴人」的四個方法

1. 擺正自己的位置和價值，成爲一個「利他性」很強的人

人與人之間是價值交換，人格上當然平等，但是資源並不平等。我們要清楚自己「有什麼」和「缺什麼」，例如年輕女孩擁有時間、精力、潛力和情緒價值，缺的是資源、資金、資訊和機會，所以請在「貴人」面前充分展現優勢，想清楚自己能為「貴人」做什麼，再去向「貴人」提出要求。

我有一次向某位網路界資深大前輩請教行業問題，很坦誠地跟他說，我在女性相關內容研究很多年，假如他需要，我可以提供這方面的資訊，於是我獲得了自己希望瞭解的答案，彼此成為朋友，他出書的時候我也給了一些建議。

還有一次，我收到一則訊息：「李筱懿老師您好，我是某某的學生，看到您和我的老師對談很精彩，希望能結識您，後面還得多多向您請教。」

這樣的訊息其實很難獲得互動：且不說他的老師為什麼沒有推薦他認識我，我從他的話裡絲毫沒有看到結識的意義，只看到了被麻煩和打擾的可能性。

有時，別人的潛臺詞是：「請問你能為我提供什麼？」

2. 徹底放棄用美貌結交「貴人」的念頭

我會這麼說有兩個原因。首先，任何女孩都不可能用美貌打通關，用了第一次就會用第二次，世界上沒有不透風的牆，當這個名聲傳出去，結交「貴人」的行為就會徹底變味。其次，不是只有男性才是「貴人」，越來越多的女性憑藉努力與才華成為行業領袖，他們同樣是「貴人」。假如某個人有用美貌社交的歷史，就會徹底失去女性「貴人」的支持，誰都會警惕沒有底線的人，女性更不想將一個年輕漂亮還沒底線的潛在對手招攬到身邊——啊，我說得太坦誠了。

3. 不勢利

千萬別覺得只有比自己有錢、有地位、有名氣很多才叫「貴人」，世界上「掃地僧」很多，有些人看起來不起眼，但你瞭解他背後的人際網路嗎？知道他有哪些至親好友嗎？清楚他是怎麼走到今天嗎？

「花無百日紅，人無千日好」，即便今天是光芒四射的「貴人」，明天也有可能意外摔跤，成為普通人。而生活很長，大家都有起落和沉浮，不要戴著有色眼鏡去結交「貴人」，過於勢利既會暴露自己的淺薄和功利，也必然失去對方的友善和好感。「貴人」也有低谷，在他失意時給予真誠的關心，他東山再起將對你另眼相待，即便他就此沉寂，曾經給予你的幫助和交往也值得銘記。

我觀察過身邊走得很遠、很穩、很好的人，大多人品優秀、不過分功利。

4. 有耐心

自己的能量越強，能夠和別人交換的價值就會越多，接觸到的「貴人」等級和數量也就越高、越多。

「向上社交」的本質是有耐心把自己變成最大的「貴人」，然後再用這個高價值的自我去遇見更優秀的人。在這裡，我特別感謝生命中的一位「貴人」——陪伴我十三年的大李姐，他早已超越「家政」的身分，成為我的朋友和親人。

假如沒有他的幫助，我無法兼顧家務、孩子和工作，他是給予我最大支持的人之一，雖然並不是世俗意義上的「成功者」，但對於我，他無可替代。
這也是「貴人」。

56 不輕易原諒的原因

我以前很容易原諒別人，大、小事只要人家說句「對不起」，我馬上就會接：「啊，沒關係。」結果我變成出名的「好好小姐」，誰都覺得我的利益無足輕重。

我的改變契機是十五年前，成為銷售團隊負責人的時候。當時，我的一位銷售被其他部門鑽了規章的漏洞搶業務，而其實我們有充分的理由奪回客戶。後來，對方來道歉了，說：「筱懿姐，對不起，我們確實跟這個客戶更有默契，下次我們會注意一點啦。」

我反問：「什麼叫『下次』，這次怎麼解決？」

你猜對方說什麼？他說：「我們都道歉了呀。」

利用「道歉」以退為進，搶到真金白銀的業務，我們不吃這種虧。

我說：「剛才的道歉毫無誠意，你就是擺出一副『你看我都道歉了，你還不原諒我，那就是你氣量太小』的樣子。說白了，你用所謂的『道歉』來道德綁架我。道歉是你的事，接受或者拒絕是我的事，我現在沒有準備要接受你的道歉。對於這項業務，我提出我的解決方法：第一、銷售業績計入我們團隊名下，第二、績效抽成把我們團隊的夥伴算進去。」

結果，對方說了一句讓我到現在都記憶深刻的話：「李筱懿，你可真不像個愛讀書的女人。」

我被氣笑了：「你這句話說的，好像我讀書就是為了被欺負一樣。對不起，我讀書是為了變得不好欺負。」

最後，我們狀態神勇地奪回了客戶，既是因為我方確實有道理，也是因為那種不達目的誓不罷休的狀態。

這件事的壞處是，我從此變成別人口口相傳不好惹的人，好處是來招惹我的人越來越少。

我對這個結果很滿意。作為銷售團隊負責人，如果不維護自己團隊利益，以後誰願意與你共事？誰遵守規章制度？這是一個「道歉」能解決的問題嗎？

人不要太容易原諒，那樣會讓你變得無足輕重。

中國舞蹈家金星老師說：「人不犯我，我不犯人；人若犯我，禮讓三分；人再犯我，斬草除根。」

在關鍵利益上，別說「沒關係」，別擺出與世無爭的淡泊——有能力獲得卻主動放棄這叫「淡泊」；不爭取就放棄這叫「懦弱」。

人可以淡泊，不可以懦弱。

57 太懂事，容易被辜負

我小時候特別乖，父母為我的聽話感到驕傲，長輩也說我很懂事。

有一次，媽媽的同事帶著女兒來作客，小女孩看到我最喜歡的洋娃娃，馬上表示想要姐姐的娃娃。我不同意，小女孩立刻哭起來，然後我媽像那個年代絕大多數父母一樣，讓我拿出「主人翁姿態」——送給妹妹吧，你是姐姐，要乖要懂事。

媽媽自作主張地把我的洋娃娃送人，我哭了很久很久，因為這個娃娃每天都陪我睡覺。

成年後，我讀到一個故事：「主人養了兩隻小狗，一隻不聽話還喜歡咬東西，另一隻特別乖，如果不得已要拋棄一隻，猜猜他拋棄哪隻？」

主人拋棄了更乖的那一隻，理由是至少有人會撿牠。

看完這個故事，我的眼淚嘩啦就流下來了。

有句話說，後來才知道，**脾氣好的在受氣，善解人意的在體諒，會照顧人的沒有人照顧，會哭鬧的有糖吃，太懂事的沒人心疼**。這不是抱怨，而是現實。

現在，我也有了女兒。他從小不愛叫人，非常害羞，總是友善看對方一眼飛快低下頭，無法像別的孩子一般落落大方地稱呼「爺爺、奶奶、叔叔、阿姨」，長輩都說「這樣太不懂事」。

我禁止長輩這麼評價，於是每次帶女兒出門遇見熟人，我都會主動解釋：「女兒很害羞，他總是把善意放在心裡，話很少。」久而久之，大家都能理解。後來，女兒逐漸長大，越來越開朗，國中之後，他也可以神情自在地和別人打招呼。

我常對女兒說：「要講道理，但不必太乖、太懂事。」

委屈就說出來，不想做的事不用過分勉強自己，更別為了一句「你真懂事」的誇讚就放棄利益。每個人都有標準，我見過很多懂事的女孩，自己扛起所有責任卻被認為理所當然，所以比較大的機率是——太懂事的女孩，容易被辜負。

結尾，分享一位婦產科醫生的總結，他說：「多年觀察下來，病人裡辦事乾脆俐落的大多一人前來、無人在意；嬌滴滴的，什麼也不會、什麼也不懂，家人萬事包攬、伺候周到。」

58 為什麼有些人總在關係裡處於弱勢？

有位讀者問：「筱懿姐，為什麼我總在人際關係裡處於弱勢呢？」

在人際交往中總是受委屈和被動的人，我觀察到最重要的原因是：缺少自己的原則和底線，別人怎麼樣對待他都行，刁難、欺負或者無意間的傷害，他好像都可以接受。

人與人之間的關係不是一次定型，而是在很多次的溝通和交往當中不斷試探，甚至是博弈。回憶一下，學校同學、部門同事、身邊朋友，包括自己的伴侶，剛認識的時候是不是都客客氣氣，禮貌周到？誰也不會在第一次見面就欺負你，為什麼相處一段時間，你就處於下風了？甚至只過一、兩天，別人就敢不尊重你了呢？

因為對方發現你幾乎沒有原則，或者說你的底線彈性太大。

我有一位好友跟他的丈夫約定一個規矩：不允許自己以外的任何異性坐在副駕

駛座。他認為副駕駛座是太太或者女朋友的專座，而他丈夫是個大大咧咧的直男，覺得妻子小題大作。

我的朋友堅決不讓步，甚至有一次，丈夫的女同事搭順風車卻坐在副駕駛座，他看到後，禮貌而堅決地對丈夫說：「你護送女性回家是紳士風度，只是下次邀請別人坐在後座，因為副駕駛座是我的座位，我很介意其他女性坐我的位置。」

直男丈夫和女同事都有些尷尬，別人覺得他「不大氣」，可是因為他的堅持，丈夫最終認同了。

我再舉一個例子：我保持早睡早起的習慣已經九年，堅持下來的確很難。

有一次與幾位專家在線上做節目，原定晚上九點結束，但他們說到興致正高，十點依然沒有收尾的兆頭，於是我禮貌打斷：「看到各位聊得很開心，但我有早睡的習慣，現在已經精力不濟、反應遲緩了，不如我先離場，你們接著盡興探討。」

大家恍然大悟超時了，但他們決定繼續討論，我禮貌退場，彼此都堅持自己的原則也理解對方的選擇，都不勉強，這就很好。假如我不走，強打精神繼續留在現場，臉上一定掩飾不住煩躁的表情，違背自己的心意還打擾了別人的情緒，這才是真正的雙重損失。

態度可以有彈性，底線卻不能有彈性。

設立自己的標準與做個善良體貼的人並不矛盾，當標準被觸碰時，我們必須學會表達自己。

很多時候別人不是冒犯，而是不清楚你的標準。

總是壓抑，就會堆積委屈；總是原諒，就會遇到背叛；總是理解，就會碰到刁蠻；總是遷就，就會遇到順桿而上；總是退讓，就會被拿捏；總是調整底線，就會在人際關係裡處於弱勢。

小情小事可以商量，原則問題寸步不讓，不僅是針對某個人、某件事，更是讓所有人看到自己的態度——人們不可以這樣對待我。

59 成年人的友情進度不會太快

二十歲時，我有一個很大的缺點，就是抵擋不了別人對我的好。別人展露一分真誠，我恨不得雙倍奉還；別人掏心掏肺說了一句真話，我必然投桃報李說出一串真話。我能防備「壞話」，卻對「好話」和「真話」毫無抵抗力。

那時，我做老闆的祕書，職業要求是守口如瓶，但是我卻在一件和自己相關的事情上犯了大錯。某一天下班後，空曠的辦公室特別適合醞釀情緒，一位女同事對我敞開心扉，話題從明星八卦聊到自己的愛情和未來規劃，推心置腹無所不說，氣氛特別真誠。氣氛都烘托到這個份上了，我的話匣子也就打開了，開始披肝瀝膽地說真話，無意間透露一件小事：因為經常加班，我比其他員工多了一項交通補助，每個月可以多拿幾百元。

我以為這次談話早已過去了，結果不到一個星期，所有人包括老闆都知道我多拿了幾百元的交通補助。這原本不是大事，卻是一項典型的小特權，同級別的其他員工有很大的意見，大家都是聰明人，平時不多言語，但是在工作配合這些方面的態度就變得很微妙。

很快，老闆把我叫到辦公室狠狠罵了一頓，並且取消了這項福利。

英國作家威廉·毛姆說：「你要克服的是你的虛榮心、你的炫耀欲，和你時刻想要衝出來、想要出風頭的小聰明。」

從那以後，我留意到真正聰明的人往往是不動聲色甚至是有些慢熱的，他們不會特別多話，更不會快速對人肝膽相照，因為恰當的距離感和神祕感是保護自己的護身符。

成年人的友情不會那麼迅速，總要經過一些時間檢驗，磨平了心靈的稜角才能沉澱出信任和安全，才會彼此吐露心聲。

輕易對你敞開心扉的人也容易對別人無話不談，友情的進度列寧可調成〇·七五倍速，也不要突然快轉到兩倍速。

60 再好，也有保留；再差，也能顧惜

以前有兩個女孩一起進了我們公司，進了同一個部門，兩個人形影不離、無話不說，好得就像一個人。一年後有個晉升機會，兩個女孩之間只能選一個，好朋友立刻變成競爭對手，過往交心的話成為攻擊對方的語言，從前互相吐槽的祕密成為打壓彼此的武器，友情的小船瞬間翻船。

結果，一個女孩離職，另外一個大約覺得沒趣，不久也離開了。

曾經，我有兩位朋友，我們三個常常一起吃飯、聊天，雖然算不上知己，但也十分融洽，然而這段友情因為他們兩個一起創業而終結。

艱苦兩年，公司倒閉；十年友情，一朝破碎，最後幾乎是用撕破臉的方式分道揚鑣。其中一人拉著我痛斥另一個人蠻橫、專斷、低智、品行惡劣……我沒有回應也不知如何作答，偏偏被要求站隊，好在另一個沒有這樣。

朋友到我的辦公室坐了一會兒，遺憾地說：「以後沒辦法三人一起聚餐了。」我問他恨不恨那位決裂的朋友，他答，不恨，恨對方就是恨當年的自己。

「恨」是一種劇烈的情緒，泛泛之交「恨」不起來，所以，「恨」的人必然以往也對你有巨大情誼。

自始自終他都沒有說對方一句不是，我內心感慨，在一起好得像連體嬰，都不如分開時留些口德。

五年後，恨意滿滿的朋友事業和生活仍然停留在原地，不恨的朋友卻已經另起事業，這一次，他做得風生水起。

誰能夠預測一段關係的好壞和長短呢？情分變淡有時是因為距離，有時源自於利益，有時甚至是一些自己都說不清的原因。生活就像一列火車，他人是過客，自己才是故鄉，極少有人能陪我們走一生，能走一程已是緣分。

人與人之間再好也要有所保留，這是智慧；再差也得有所顧惜，這是善良。

第七章
自然

61　最差的時候，暫時別打擾任何人

有一隻小猴子受傷了，把傷口給別人看，路人看到都表示關心。後來只要一有人來，小猴子就扒開傷口給他們看，大家也都嘆口氣很同情。小猴子以為會得到幫助，可是路人們短暫停留之後，就像什麼也沒發生過繼續趕路了。由於傷口一次次地被扒開導致感染，最終小猴子就死掉了。

這說明什麼呢？**只有你自己才知道傷得有多深，傷口不在別人身上，別人無法體會你的痛苦**。

讀者問我：「筱懿姐，你老是笑嘻嘻的，沒經歷過什麼很困難的事情吧？」

怎麼可能沒經歷過，但我為什麼要說出來呢？還說給不相干的人聽？

我曾經被問過很多次「為什麼當作家？」我說，報社產業高速衰落，我處於類似「失業」的狀態，我還嘗試做生意，結果失敗了賣房子還債，最窮的時候手機裡連一百元都沒有。父母知道我曾經那麼慘都是五年後的事了，我媽說：「怎麼不告訴我們呢？」我說：「告訴你們幹嘛？要你們用養老金還債嗎？」

我是個成年人了，雖然那時很慘，但我想當個體面的人，自己的難處自己先消化，暫時不打擾包括父母在內的任何人。

心理學上有個詞叫「過度依賴安慰」，祥林嫂就是典型的過度依賴人格，見人就訴說。有些朋友會覺得我很痛苦，我講給你聽就能分擔掉一半，其實不是。把痛苦重新訴說一遍，強烈程度可能增加一倍，因為那是再一次經歷了痛苦。這樣的人當然可以尋求幫助，但要找有能力提供幫助的人，而不能找毫無經驗甚至比你更焦慮的人，就像我最差的時候如果向父母求助，有很大的機率是全家一起乾著急。

最差的時候，暫時別打擾任何人，先嘗試把自己的狀態整理好。

你用來傾訴的每一分鐘都可能是浪費，可以拿去做一點積極的事，把自己一點一點從泥潭裡頭拉出來。

跟關係一般的朋友說了也沒用，別人還得跟你客氣問問「有什麼要幫忙的」；跟關係特別好的朋友說，我們清楚對方的資源和實力，真的能幫得上忙的就說，幫不上的就乾脆別說。「愛莫能助」是種心底的悲哀，我捨不得至親好友去承受。

62 對意外保持彈性

我第一次去埃及是二〇〇七年的事，因為擔心治安，報名了旅行團，而旺季房間有限，我必須和團裡另外一位陌生的女遊客同住，由於太想去，我答應了。

機場集合時，第一次遇見我的室友。他比我年長，穿著隨意舒適，妝容清淡，話很少，和氣地向我打招呼，我們把飛機座位劃在一起，落座後，不約而同各拿出一本書：他帶的是德國傳記作家埃米爾．路德維希的《埃及豔后》，我帶的是阿嘉莎．克莉絲蒂的《尼羅河謀殺案》，我們都很驚喜，準備看完後和對方交換。

經歷轉機到達開羅的飯店，已經是十幾個小時後。旅友們疲憊不堪地拿到房卡，迫不及待地回房間休息，可是打開門，我們愣住——客房裡堆滿各種家具，顯然久未使用。長途奔波遇到意外，我心裡燃起無名火，立刻找導遊交涉，導遊在前臺協調很久沒有結果，於是先把他的房間讓給我們。他的房間是單人床，意味著我們兩個陌生女人要在陌生的國家同床共枕蓋一床被子，我有些難以接受，看看室友，他雖然滿臉疲憊，卻微笑說：「我睡覺很安分，沒有亂翻身、打呼的壞習慣，能請你委屈一下和我擠一張床睡一晚嗎？」

我也笑了：「我很榮幸啊。」

回到房間，他先讓我洗漱，自己整理行李，當我走出浴室，吃了一驚。房間裡彌漫著香薰美好的薰衣草氣息，他的行李只占用了一個角落，物品擺放井井有條，處處為我留足空間，床上放著他的絲質睡袍、枕墊和眼罩，然後他輕手輕腳去洗漱，生怕動靜太大驚醒準備入睡的我。那一晚，我睡得不怎麼好，我們都努力地留空間和被子給對方，也讓自己保持心理安全距離。

坦白地說，這次旅行並不順利，埃及當時經濟落後，治安也混亂，我們穿越沙漠到西奈半島度假是搭乘由政府軍隊一路護送遊客的巴士車隊的；飯店條件時好時壞，客運也常出狀況，餐飲完全不習慣，旅行團裡的人經常抱怨。

每當這時，我的室友就幫導遊打圓場：「他已經盡力啦，大家出來是看風景和開心觀光的，旅行本來就是一件有彈性的事情，身體吃點苦，眼睛沒吃虧就好。」

奇怪的是，他並不凶悍，卻自帶氣場，每次圓場都很有效。

室友的睡衣和日用品都很精緻，穿著講究卻找不到一個商標，而且他一點也不嬌氣，同吃同住的這十二天他總是照顧我，在女王神殿幫我拍照，在金字塔下幫我背包包，出門還會多準備一瓶水給我。

我也知趣地回饋，分享有意思的埃及歷史，那些著名法老的緋聞、正史和宮鬥讓我們一路上都樂呵呵的，即便吃壞了肚子也不影響心情。

逐漸熟起來，我才知道，他和丈夫一起創立的公司，規模不小，但是後來丈夫和祕書結了婚。他帶著孩子自己過日子，每年除了親子旅行，也單獨留個假期給自己。

他說得很輕鬆，但我不敢猜想他經歷這些事情時的心境。

他拍拍我的肩膀，笑說：「女人得有彈性，掉在地上才摔不爛。就像這次的旅行，好的、壞的都接受，突發、意外都能應付，才能看到你想看的景色啊，世界本來就和我們想像的不一樣。」

我見過很多別人口中的「女強人」，可是我絲毫不覺得他們「強」，我甚至覺得他們的心太緊繃了，完全沒有彈性，對自己和別人都很苛刻，所以，反映在臉上也是硬邦邦的表情。

真正「強」的女人內心會有彈性，他沒有「一定」要怎樣，反而擁有更多選擇的

可能；沒有「堅決」不接納事物，反而更讓自己遊刃有餘。

他不抗拒必須承受的事情，比如：暫時或者長期的誤解、無法改變的衰老、逃不掉的忙碌、階段性甚至永久性的貧窮；或者永遠不能出人頭地的老公，一輩子都考不上明星大學而註定平凡的子女。

他們很有彈性地接納生活和想像有所不同，理想和現實有差距，努力在力所能及的條件下把自己整理得好一點——就像我在埃及遇到的室友，內心沒有被崩壞，臉上才能輕鬆。

我至今記得他在女王神殿下仰望藍天與巨石說：「人與命運抗衡是以卵擊石，現實像塊冰冷的石頭，我們像個不自量力的蛋，死命撞上去，石頭好好的，蛋碎了一地。假如是一顆煮熟的雞蛋，最多撞出幾道裂痕，從此明白此路不通，但不會有玉石俱焚的慘烈。」

雞蛋熟了，蛋白、蛋黃變得有彈性，有彈性才有保護，不容易碎也有驚喜。

那年分開，我送了他《尼羅河謀殺案》，他送了我《埃及豔后》。

我們並沒有在今後的日子裡交集和熱絡，但感謝時光的彈性和意外，讓我們曾經相遇。

63 難伺候，就不伺候

我再也不買難整理的衣服。每年最多穿一次就扔進衣櫃，還得乾洗整理，每個皺褶都要熨燙整齊，穿上不敢隨意動，生怕金貴的面料皺了不好看，恨不能供奉在家裡。服裝不僅為了好看，更為了快樂和提升生活品質，假如穿起來不僅沒讓人開心，反而負擔太重，必然不是一件好衣服，朋友和愛人也一樣。

最好的友情是「守望相助」，平時各忙各的，但你有需要的時候，我一定出現。成年人的生活有太多事務需要處理，越年長越無力時刻關注朋友的情緒，我們是交個朋友，不是請尊大神。那種熱臉貼冷屁股的戀愛沒必要延續，無須保留對方任何的痕跡，好像在反復提醒你自己有多不值得被愛似的。

假如你看到一個特別難伺候的人，還被人前呼後擁包容著，那一定不是因為喜歡，而是因為利益。

64 八面玲瓏不是誇獎

一位認識的人找我合作，我馬上回說不行。

他立刻懂了，問我：「是因為我跟你的好朋友鬧翻了嗎？」

我說：「是的，他是我最好的朋友，所以我不想跟你走近也不想合作。」

對方笑起來：「你都多大了，還跟小朋友一樣選邊站。」

結果估計你也猜到了——嗯，是的，我沒有理他。

我從小反應比別人慢半拍，也曾非常努力想多學點成熟老到的社會學問，但是失敗了。後來讀到《曾國藩家書》，咸豐八年的時候，曾國藩在老家寫信給弟弟曾國荃，大意是：我本來是一個老實人，沒什麼心機，但前些年在官場學到了一些權術，一方面把自己的心術學壞了，另外我們這些笨人，用權術的時候往往都讓別人看出來，只會讓人笑話，有損無益。最後曾國藩總結：我決定這一輩子啊，就老老實實做事，還自己老實人本色。

曾國藩告誡弟弟假如遇到別人使心眼，你依然要堅持，用這種真誠和笨拙的方式回應他人，這段話鼓勵我度過很多低潮和灰暗，始終相信——**拙誠勝於巧詐，觀念不同無非不來往，不必扭曲自己的價值觀去迎合**。

讀《紅樓夢》時，我起初欣賞薛寶釵的大氣玲瓏，多讀幾遍之後，卻越來越喜歡林黛玉，尤其喜歡他對身邊人的態度。

《紅樓夢》第四十八回，香菱誠心求寶釵學寫詩，和誰都關係不錯的寶釵卻拒絕了。香菱轉求黛玉，別人眼裡很難說話的黛玉卻答應下來：「既然來問我，豈有不說之理。」黛玉真心真意花了很多工夫教香菱，他不是對誰都有好臉色，但是對於他喜歡和看重的人從來不吝惜精力和情分。

寶釵是個「社會人」，上上下下打點得周到，可是無法深交。

作家賈行家老師說過一段特別精妙的話：「什麼叫社會人？就是社交手段高明，在尊嚴上相當靈活，對個人利益的執行和變現能力很強，對道德評價看得很淡，他們相信別人的非議會隨著自己的成功而消失。」

按照這個標準，我永遠無法成為八面玲瓏的社會人，也不覺得「八面玲瓏」是個誇獎。我不喜歡所謂「人脈」的虛假繁榮，始終都有自己的親疏和愛憎，我相信在人際關係上必須有捨棄，才能獲得真正的情意和尊重。

這輩子有幾個至親好友，已足夠；其他無關緊要的人和事，何必在意？

附《曾國藩家書》原文：

弟書自謂是篤實一路人，吾自信亦篤實人，只為閱歷世途，飽更事變，略參些機權作用，把自家學壞了。實則作用萬不如人，徒惹人笑，教人懷恨，何益之有？近日憂居猛省，一味向平實處用心，將自家篤實的本質還我真面、復我固有。

65 總是吃苦，會忘記甜的滋味

「吃得苦中苦，方為人上人」，這句話我一點都不贊同。

我出生在一九七八年，從小就被教育「先苦後甜」，如果有一箱蘋果，先吃爛的再吃好的，把最好的留在最後才叫自律。

不過算了吧，現在早已不是父母當年的時代，蘋果先從爛的吃，結果就是吃了一整箱爛蘋果。先從好的吃，每次吃的都是所有蘋果當中最好的那個。

我有一次經過一家麵包店，香氣真是太誘人了，我迫不及待地去店裡買。結果那天是週末，人特別多，我經歷了大排長龍付款拿到麵包以後，不僅沒有因為延遲滿足而吃得更香，反而因為等得太累，累到不想吃。

那一刻，我突然明白，延遲滿足這項能力的重點不在於面對事情的時候，我能夠忍耐多久、堅持多久，而是經過慎重思考、權衡利弊後，做出正確的判斷和理智的選擇。千萬別把「延遲滿足」作為日子苦哈哈的自我安慰，延遲滿足沒錯，但拖得太久，再好的東西都將隨著時間的流逝，失去原本的驚喜和價值。

得過諾貝爾文學獎的作家莫言老師講過一個故事：他有一位朋友，妻子剛去世不久，朋友在整理妻子遺物時，發現一條嶄新的名牌絲巾，那是他們多年前去紐約旅遊時買的，妻子一直捨不得用，想等到一個特殊的日子再戴，可惜直到他去世，這條絲巾的吊牌都沒拆。朋友看著絲巾說：「再也不要把好東西留到特別的日子才用，因為你活著的每一天都是特別的日子。」

是的，每一天都是特別的日子，好看的圍巾現在就戴，好吃的餐廳早點去吃，想去的地方馬上去看看，喜歡的人當下就表白，總是吃苦，會忘記甜是什麼滋味。

莫言老師還有一句話：「生活應該是我們即時體驗的經歷，而不是熬過去的日子，把當下過好的人，未來才能有力氣過得更好。」

能力範疇之內，一邊付出一邊獎勵自己，才是快樂的動力。

66 成為一個冷淡的人

我其實是個滿冷淡的人，只對少數人有熱情，非常能理解知名主持人蔡康永老師的話：「一個人一味地熱情其實是盲目的。你一定會有大部分的時候是冷淡的，才能夠對比出你對哪些事情、哪些人懷抱著極高的熱情。」

有讀者看了文學家錢鐘書先生的書，想登門拜訪認識他，他婉拒：「假如你吃了一顆雞蛋，覺得不錯，何必要認識那下蛋的母雞呢？」對他來說，鑽研學問才是最要緊的事，時間和精力都要花在自己的熱愛上，自然容不得這些旁枝末節的事來分心。就算有人想拜訪，他也經常客氣地拒絕，心意到就好。

曾有朋友拜託我找歷史小說家王立群老師求一套簽名書，我說抱歉辦不到，也沒有王老師的微信。他很奇怪：「你們直播的時候相談甚歡，怎麼不加微信呢？」

我覺得，一位七十多歲的老人家，一位活出了自我的學者，生活裡多一事不如少一事，通訊錄多一人不如清淨，我有事就委託他的編輯轉達，始終對他保持著對師長的尊敬，但是未必需要去靠近——不打擾，也是喜歡的一種。

冷淡不是冷漠，適可而止的關心，保持距離的禮貌，是應有的自覺。有事真誠幫助，無事各自祝福，不把自己的想法強加於人，也不隨便評論別人的私事。

讓衝動冷淡一會，或許失去了「上頭」的快感，卻能享受平靜的力量；對詆毀冷淡一點，能夠保持自我空間，收穫簡單的快樂；對社交冷淡一點，能夠把欣賞長存於心，獲得君子之交淡如水的長久。

很多關係不是毀於冷淡，而是毀於過度熱情。

67 不被理解是常態

某次我的新書上市時，我曾和一位好友分享：看到排行榜上成績不錯，感覺之前付出的努力很值得，當時對方的表現挺冷淡的。

在那之後我們有點爭執，他連同那次的不爽一起說了出來：「你以後不要跟我說那些自己變得多好多好的事情，這會讓我覺得進步很慢、很焦慮。」我這才意識到，那次的「分享」帶給他那麼大的心理壓力。

人對於事情理解的角度和情緒是多麼不一樣，有些傾訴和分享假如時間不對，會被誤解為「炫耀」，而你很難知道自己說話的時機到底對不對，就連再好的朋友也有頻率不對的時候。

作家蔡穎卿寫道：「我覺得人生有幾件事是絕對不可炫耀的：一是財富多寡，二是婚姻美滿，三是兒女成就。人比起其他動物的不同是文明、是互助的情懷。多寡、美滿與成就沒有一定的標準，如果分享是在希望之下，大家相處的心情會充滿鼓勵；如果表達是種好勝的炫耀，它便一無所值。」

我讀到這段時，內心被戳了一下。其實我明白，很多人的確只是「分享」，從未想到炫耀，只是單純開心或難過，但凡說出口，就會期待別人的反應，而絕大多數人都無法像你一樣開心或者難過，別人的反應不能帶給你安慰和共情，甚至又多了一些「他怎麼不理解我」的失望，所以如果開口，就請做好不被共情的準備。

國際知名療癒師洛伊．馬提納說：「我生命中最大的突破之一，就是**我不再為別人對我的看法而擔憂**。此後，我真的能自由地去做我認為對自己最好的事。只有在**我們不需要外來的贊許時，才會變得自由**。」

假如在別人的目光裡找快樂，可能始終悲哀；假如在別人的反應中找尊嚴，可能始終卑微。

人類的悲喜從來都不相通，人類的反應也從來都不同步。

不被理解是常態，能被理解才是驚喜。

想通這一點，人會釋然很多。

68　有教養的人的特質

作家易中天老師說：「我太太定的家規是服務人員上菜一定要說謝謝；快遞人員送貨一定要說辛苦了；司機把我們送回家一定要行注目禮，車開走了才進門。」

這些舉動看起來尊重的是別人，其實表達的是自己的教養。

和有教養的人相處是什麼樣的感覺？

我第一次參加高考沒考上理想的大學，回到高中復讀，發現有幾本參考書自己沒有，於是向已經考上大學的同學借。

同學特意把書帶到我家，問：「我可不可以把這幾本書送給你呢？」

這句話和當時的場景讓我特別感動，假如他說「給你吧，反正我要上大學了也用不到」，其實我也不會覺得很丟面子，但是他的話卻讓被贈予的我心裡更舒服。他在給我東西的時候非常照顧我的感受，沒有把「贈予」做得像高人一等，甚至是施捨一樣。

李鴻章有一次到南京處理公務，路過家鄉，準備拜訪從前的老師徐子苓。當他身穿官服，一身威嚴地到達老師門外時，門倌一見這副派頭，趕緊準備稟報，李鴻章馬上叫住，讓門倌不要著急通報，而是換了一身普通衣服，整理完畢之後才讓門倌稟報老師。

隨從納悶說：「別人讀書中榜都以衣錦還鄉為榮，您這麼做是為什麼啊？」李鴻章回答：「如果穿著這身官服去見老師，恩師恐怕要對我行官民之禮。不僅會讓他難堪，也違背了我來看望他的本意。便服相見，我們都比較舒服。」

某咖啡店曾有一個面試問題：「當顧客點了熱拿鐵，並且告訴店員不加糖，你若是店員，該怎麼回答？」

獲得最高讚賞的答案是——只要回答「好的」就可以，店員不需要向顧客解釋「拿鐵本來就不加糖」，這是為了避免讓顧客尷尬。

教養是什麼呢？它可能就是一、二句體貼的話，可能是一本書，也可能是一次

平等的交流，還有可能是不揭穿的善意。

我很喜歡英國哲學家約翰．洛克的表達：「在缺乏教養的人身上，勇敢就會成為粗暴，學識就會成為迂腐，機智就會成為逗趣，質樸就會成為粗魯，溫厚就會成為諂媚。」

69 優雅比漂亮高級

我曾經和某位女企業家（暫且稱他為Ｌ吧）一起去安徽山區支援偏鄉學校，那是一個大型公益活動，每位來自不同行業的嘉賓替山區孩子上一堂課，為了動員更多人關注公益，活動也邀請了幾位影視明星參與。活動分成兩個部分：第一個部分是到山區小學上課，第二個部分是慈善晚宴拍賣捐款。

替孩子們上課前，我和Ｌ一見面就會心一笑——我們撞衫了，都是活動要求的白色Ｔ恤和牛仔褲，沒有一件首飾，畫著淡到幾乎可以忽略的妝。過一會兒，明星團隊也來了，妝容精緻，裝飾閃亮，耳環、項鍊、手錶在白Ｔ恤與牛仔褲的樸素襯托下，特別耀眼。

主辦方善解人意，課上得特別開心，孩子們積極參與，臨別時依依不捨，Ｌ細心記下孩子們需要的東西，囑咐助手回去準備好再送過來。

晚上慈善拍賣晚宴時，L讓我驚豔——長髮挽起，一襲簡單的白色小禮服，珍珠耳環，手上一只璀璨的寶璣那不勒斯王后腕錶，與上午那個樸素的女人判若兩人。

他拍下了當晚最貴的一件物品，主持人讓孩子們上臺鞠躬表達感謝，他立刻制止，彎腰拉起兩個孩子的手微笑說：「未來你們能在學習中有收穫，這就夠了。」

那天晚上的L漂亮得像個明星，但優雅得像他自己。

我認識不少很會打扮的女人，L和他們最大的不同是他從不炫耀，非常注重、要求禮節正確與否。

很多時候，穿得漂亮並不等於優雅，不得體的「好看」比「不好看」還尷尬，不分場合的講究讓人感到用力過猛。而優雅是恰如其分表達善良、體貼和修養，這些體面的舉止與漂亮相加，是我欣賞的優秀——優秀的女人不靠璀璨奪目來贏得關注，他們明白「贏」這個詞的含義不是打敗別人、豔壓群芳，而是贏得人心，獲得他人的認可和支持。

L曾經跟我說：「財富可以繼承，有些人一出生就很富有，但優雅不是天賦，更多來自後天的修練，金錢、門第都不足以生而優雅，內心善良保有原則，舉止訓練有素，有一定的物質基礎，女人才優雅得起來。」

優雅僅僅是穿衣打扮嗎？

接觸了一些真正優雅的女性之後，我更認同「優雅」實際上是女人對自己的內在要求，用心力支撐外表的氣度，用行為約束內心的奔流，他們處變不驚，並不裝腔作勢，身居高位並不盛氣凌人，才華滿身並不咄咄逼人，明明可以秒殺我這種路人卻依舊和風細雨，相處起來讓人感到舒適。

70 做一件讓你感到害怕的事

身邊很少有朋友知道我是「大舌頭」，先天舌繫帶過短。舌繫帶就是舌和口底之間的一片薄膜，假如過短，說話時會影響舌頭向前伸的幅度，造成口齒不清。小時候，我因為吐字不清晰很自卑，尤其是翹舌音zh、ch、sh、r（ㄓ、ㄔ、ㄕ、ㄖ）還有舌尖音t（ㄉ），我的發音就像漏風一樣，加之媽媽是字正腔圓的語文老師，於是我更慚愧，遇到這些讀不好的字就放低聲音試圖含混過去。

十一歲時，家人帶我去做了舌繫帶手術，把繫帶膜的前端部分剪開。病理問題解決後，口齒照理說會變得很清晰，其實並沒有，我依然沒辦法正確發出翹舌音，醫生對我媽說：「他現在是心理和習慣問題，讀到那幾個字就害怕，舌繫帶完全沒有問題了。」

媽媽花了很多工夫矯正我的發音，他用自己備課的答錄機錄下我朗讀的片段，反復聽讀和糾正；把我害怕的字詞做成卡片讓我每天讀；他甚至替我報名了朗誦比賽，可想而知我怎麼可能獲獎，但我敢於站上臺就是巨大的進步。

一年後，我升上國中，新同學再也聽不出我曾經是個「大舌頭」。

這件事雖然發生在三十多年前，卻把「勇氣」和「執行力」變成我性格的底色之一，讓我敢於做一些自己原本害怕的事，並且思考為什麼我會害怕某件事。除了確實水準不夠的客觀原因，更有主觀原因——內心認定自己做不好，有了心結，甚至把這件事當作自己的「能量黑洞」，日復一日自我灌輸「我就是不擅長這件事」的負能量，甚至不去嘗試，就鬱鬱不得志。

有句話說，**讓一個人熠熠生輝的神來之筆，往往是由那件讓他感到恐懼的事所促成的，假如克服恐懼，就像打開更高階段的生命地圖，將會進入嶄新的世界。**

四十二歲時，我又做了一件曾經讓我恐懼的事——站到鏡頭前拍短影音。現在看那批最早錄製的影片，自己神情緊張，肢體語言僵硬，說話節奏混亂，甚至妝容和髮型也不合適，但總有從生澀到流暢的過程。

為什麼一定要嘗試短影音呢？作為媒體人，環境媒介已經從文字時代切換到短影音時代，必須掌握更新的表達方法，會拍短影音變得和會寫作一樣重要。除非自甘停留在上一個階段不再前進，否則就得打起精神適應新的趨勢。

那麼，為什麼必須面對內心的恐懼，去做那件自己曾經害怕的事？

因為我們的時代發展變化太快，如果害怕變化、不敢應對挑戰，生存空間將會越來越小，任何人都不可能在一個逼仄的小空間裡活得自在。

《周易．繫辭下》中說：「窮則變，變則通，通則久。」意思是發展到極點叫「窮盡」，任何事情走到盡頭就要「變革」，改變之後才能通暢，通暢才能長久。因此，長久是因為變通，變通是因為窮盡，要做到變通，我們需要具備四種能力：

1. 關注新事物和趨勢

除了疫情這樣突如其來的「黑天鵝事件」，其實大多變化都有過程，每天花一點時間瞭解新資訊，比如經濟新聞、行業動態、一首流行的歌、一本書等等，比只關注娛樂和八卦強得太多。殘忍點說，再紅的明星歸宿都是過氣，像化石一樣被封存在他的時代。假如我們不去瞭解新趨勢，過氣的就是自己，始終保持好奇心，保持敏銳感和流動性，別暮氣沉沉的。

2.從5%的改變做起

「5%的改變」是資深心理學家李松蔚的觀點，他說：「你只想要百分之百的改變，所以你才會被困住。其實只需要改變百分之五，生活就會有全新的可能。」

我非常認同，想起十一歲時的自己為了糾正發音所做的努力，都是一個音節、一個字慢慢來，哪怕每天只有百分之一的進步，長期堅持就是了不起的成就。

把難辨的問題切分成小計劃，長久以往，就能累積出巨大能量。

3.有規劃，有野心

「野心」不是貶義詞，「野心」更多意味著目標感、規劃性和行動力都很強，只有野心沒有行動就是妄想症。女孩希望自己過得好，希望實現自我價值，需要一起啟動「實力＋趨勢＋野心＋行動」，野心是哪吒的風火輪，讓你帶點「我命由我不由天」的鋒利感，打破停滯的節奏。

4.不藏拙

在自己不瞭解的領域，不懂的、不會的能在他人面前坦然承認且不迴避，叫做不藏拙。想起我剛拍短影音時總是露怯，總想在鏡頭前顯得更自然，這麼做卻顯得太刻意，反而更緊繃。後來乾脆心態放平，自己是什麼樣子的就真實表達出來，那麼多人願意指出我的問題是一種幸運，虛心接受、迅速改正才能走得更快。

拍了兩年短影音，有一次收到一則留言：「筱懿，你聲音滿好聽的。」一句簡單的話給了我莫大鼓勵，我滿心感謝地回覆：「不是我的聲音好聽，而是你的耳朵善良。」

羅輯思維創辦人羅振宇說：「成長就是你主觀世界遇到客觀世界間的那條溝，你掉進去了叫挫折，爬出來了叫成長。」

感謝那件曾經讓我們害怕的事，感謝它讓我們成長。

第八章

自癒

71　絕不容忍冷暴力

二十歲時談的那一次戀愛，讓我當時的狀態很不好。

每次有分歧，對方都會冷戰——不回應、不明確、不解決，這種冷漠的態度讓我著急和暴躁，更加急切地希望解決問題，然後對方就用一種「你無理取鬧」的眼神看著我。

他的冷靜顯得我情緒特別不穩定，我不斷反省和自我懷疑，讀了很多心理學書籍試圖尋找答案。後來，我把這件事告訴一位年長我很多的姐姐，他問：「如果對方打你，你忍不忍？」我說，當然不忍。

他說：「他現在和打你有什麼差別？他是在用態度和語言作為拳頭，去打傷你內心最脆弱、最敏感、最在意的地方，你為什麼要忍他？誰對你冷暴力，你就對他冷暴力回去，同樣不理他，該開心開心，該做什麼做什麼。」

我當時覺得姐姐的回答和書本很不同，教科書總是解釋冷暴力的原因，如何理性解決，姐姐的方式對比之下顯得粗暴。

他看出我的猶豫，說：「你試試我的方法好不好用。」

我試了，好用。

我不接對方冷暴力的招，他反而失落了；我降低對他的關注程度，與朋友、同事多相處，結果發現這個世界上更多人從來不用冷暴力和別人溝通；再後來，我主動和這個人分開。

那段經歷讓我明白，如果想獲得溫暖，就去找一個天性溫暖的人，不要試圖捂熱一塊冰；如果想收穫愛，就去找一個內心有愛的人，不要試圖在一顆冷漠的心裡培育出愛。

72 婚姻勞動者

婚姻勞動者很蠢，又很做作。這位女性的丈夫很富有，傳統行業的企業家通常都很忙，工作與應酬三七開，每天有飯局，他比企業家小十幾歲，算是小嬌妻，從不缺零用錢花。一個忙得沒空回家，一個閒得心發慌，他便出去供養了一個男大學生。

男大學生除了沒錢，荷爾蒙倒是很足，還有的是時間，他瞬間找到了打發日子的方式，偷偷替小男友買了一輛車出入兜風，陪小男友的時間都比帶兒子的時間多。

天有不測風雲，意外出車禍，他逃過一劫，小男友除了大腦清醒，身體重傷。

地下情撞上暗礁，男友全家恐嚇他：「我是在你買的車上出事，你要養我一輩子，否則就告訴你老公。」

他原本還有些微愧疚，畢竟毀了男孩一輩子，越往後越煩——醫療費逐漸龐大，關係已經從情債變成了赤裸裸的錢債。他靠領丈夫的零用錢生活，哪養得起一個來路不明的重病男人？他躲著不見，男孩不停傳語音提醒，派媽媽為代表圍追堵截。

事情拖了兩年，他瀕臨崩潰，寫私訊在公眾號問我該怎麼收場。

坦白說，大多數時候別人向我傾訴遭遇，不管多麼離奇，我都會努力調動「共情感」，但小嬌妻是個例外。他不是背叛丈夫，而是在「婚姻」上班，做著「妻子」這個工作卻嚴重違規，自砸飯碗。

婚姻很像合夥開公司，假如這間「公司」所有資本都是別人單方面提供，流動資金與核心技術也是一方獨自支撐，另一方還真的沒有話事權。小嬌妻忘記了，自己不過憑藉年輕漂亮這種「易耗資本」入股，即便得到了合夥人身分也不過是個平平無奇的婚姻勞動者。

在「婚姻」中上班是沒有鐵飯碗的，容顏即逝，能力不濟，丈夫能隨時再尋更年輕、性價比更高的新人。

中國第一所免費女子高中校長張桂梅說：「如果指望男人養，有能耐還拿你當一回事，沒能耐你連花盆都不是，女人得靠自己的能力。」

我問過小嬌妻：「你這麼渴望愛嗎，這麼渴望性嗎，你有這麼閒嗎？」

他說自己真的很閒，一年看不到一本書，那唯一一本書可能還是孩子的課本。

讀書是為了打發時間嗎？是為了假裝有文化素養嗎？根本不是。

西漢大家劉向說：「書猶藥也，善讀之可以醫愚。」假如能多讀一點書，這位拿到「嫁得好」入場券的小嬌妻大約不至於有「走投無路」的婚姻困局，他會意識到「妻子」這個工作並不好做。

他抱怨丈夫不關心自己，但企業家既沒有緋聞也不剋扣家用，應酬也沒拉著他一起喝酒，這樣的丈夫對他來講已經是稀缺資源。而他的婚姻需求是金錢和照顧，自己付出的勞動最少，經濟收益最大。以他丈夫的智商和閱歷，他可能早已察覺，暫時不動聲色不過是時機沒到。

這個時代給了很多人造富的機會，無論是和有錢的伴侶結婚富起來還是白手起家富起來，都別糟蹋，像守護命運一樣護住財富的來源。

香港作家亦舒師太也是個很「做作」的女人，但他「作」的全是自己的資源，所以有底氣說：「『一個女子，必須先憑雙手爭取生活，才有資格追求快樂、幸福、理想。無論如何要有職業，因而結識志同道合的同事、朋友、對象，屆時可以結婚生子，也可以獨身終老，這叫作選擇，亦即是自由。』」

有選擇，才叫自由。

73 格局更大的擇偶觀

我很怕虧欠。

朋友相處，人家請我吃頓飯，我還沒吃完，就盤算著下次請他在哪裡吃，要吃得更豐盛，我才安心；別人送的生日禮物，我都詳細地記下來，一定在對方生日還更貴的禮，不是因為我多富裕，而是覺得不能讓朋友「吃虧」；還有二十多歲談戀愛時，戀人安慰幾句，送幾個小禮物，生病時買了藥，都能讓我感動得一塌糊塗，時刻想著還回去——其實沒必要這麼小心翼翼，他做的難道不是戀愛伴侶應該做的嗎？

二〇一〇年，我的女兒出生了，在陪伴他成長的過程中，我好像從頭活過一遍似的，重新思考很多問題，其中包括婚姻和擇偶觀。

有些男孩在寒風中等你下班，給你送花、送禮物，誇你漂亮，或者傳讓你很感動的訊息，這些都不是選擇他的標準，因為這些都是低成本付出。

容我刻薄一下，有些人不是因為「愛」，而是因為「閒」。

假如生命是一棵樹，我們得看到樹的主幹在哪裡，而不是那些枝椏；假如一個人與你分享的是自己最稀缺的資源，那的確是珍貴。

假如人生是一家公司，伴侶就是公司的合夥人，我們不需要一個滿足自己虛榮和懶惰的人，不需要只能短期滿足情緒價值的人。真正適合的配偶應該具備這幾個優點：

- 誠實的品質：意味著他不至於說太離譜的話，不會欺騙你。
- 積極學習的態度：代表他是開放型思維，願意自己不斷成長，也能夠接受你的進步和優秀，甚至接受你在某些方面比他更優秀。
- 穩定的情緒：讓他能擔大事，去平和、積極地解決問題，遇到挫折不至於遷怒於你。
- 明確的人生目標：雖然短期未必能找到目標，但他只要能努力尋找，將成為目標感很強、願意「成事」的人，無論成就的是大事還是小事，他都有希望。
- 談論別人時流露出的善意和謙虛：這是一個人的修養也是自知之明，那是善待你的基礎。

千萬不要小看這幾個優點，具備這些特質的人一定不會過得太差，即便暫時不起眼，未來也能在同齡人中比較優秀。與這樣的伴侶在一起，你的人生將更有意義和價值，減少情感和婚姻的消耗。

尤其是戀愛和結婚，不僅是為自己選擇伴侶，更是給未來的孩子選擇父親，性格的遺傳、習慣的耳濡目染是後天的教育很難改變的。對方所有的優點和缺點都將是孩子的第一筆財產，不要讓這筆財產從開始就是個負數。

願每個女孩可以早早明白這些。

74 愛情是熱烈的奔跑，婚姻是慢慢的生長

婚姻中有三個真相：

1. 戀愛男女的樣子，基本是最好的樣子

如果結婚是為了改變對方，期待對方以後更好，大機率是幻想——我說的不是事業而是性格。百分之九十的人婚後因為熟悉和鬆懈，都不如戀愛時漂亮、勤快、體貼、周到，談戀愛都挺懶的人，大多數走進婚姻只會更懶。

2. 活得年輕又自由的祕訣只有財務自由

倒不是多有錢，而是你的錢與你的生活方式剛好符合。愛奢侈請多賺錢，雲淡風輕夠用就好，這樣我們才不必過度為了金錢去考慮婚姻，能夠愛我所愛、恨我所恨、甩我所甩，也能夠體會金錢之外的理解和共鳴。

3. 男人的某些才華變現成真金白銀的希望特別小

大多數文藝男女熱愛幻想，踏實賺錢的能力極差，如果因為某些才華，例如繪畫、音樂、文學等愛上對方，請做好安貧樂道的準備。

我很喜歡美國文學之父馬克・吐溫的話：「愛情是熱烈的奔跑，婚姻是慢慢的生長。」

比起被瞬間的燦爛驚豔，更難得的是共同承受長久平淡；比起一見鍾情，更重要的是成長同步，沒人落後。

75 付出越多，越難被愛

我曾經有個嚴重錯誤的行為模式，就是在各種關係中主動付出，希望用「主動示好」的方式換到對方的好評和友善。朋友聚會，我總是積極買單；親友生日，精心構思問候語；戀愛裡，特別為對方考慮，費盡心思準備禮物，卻幾乎不提要求；對待陌生人也盡量熱情，別人問一句，我回答八句，生怕解釋得不夠詳細。

這種付出，有沒有換來更好的人際關係？

完全沒有，甚至付出越多，越難被愛。

問題究竟出在哪裡？出在希望透過「對別人好的方式」換來「別人對我好」，固執於「真心換真心」，認為假如什麼都不做，別人就不會對我好，我不相信自己存在的本身，就值得被好好對待——我缺乏「被愛的信心」。

女孩在成長道路上很大的心理陷阱就是不斷被強化「愛」這件事無比重要，甚至是「最重要」，一個被別人愛著的女人才有價值和意義。

當女性從小不斷被告知成長目標是找尋愛和供養愛，這就成了枷鎖——「愛」當然重要，就像呼吸一樣既重要也平常，呼吸不需要刻意用力，只要有生命，呼吸就一直在。「愛」也一樣，總有人喜歡你，不需要你那麼費力去尋找與保全各種愛和關係，總有人因為你天然的狀態而讚賞。

假如能這樣想，生命的疆界會擴大很多，你也將具備力量去探索更大的世界，而不是糾結於討別人喜歡。

二〇一二年，劉亦菲參加訪談節目《非常靜距離》，主持人李靜提起「男孩都喜歡女孩那種特純、特別空靈的感覺」，他滿不在乎回答：「我管他喜歡什麼。」

這段採訪過了十年才紅了起來，就好像女孩得用很久很久的時間才能意識到：**人最底線的愛是自愛，只要你依然愛著自己，世界上就不會缺少愛你的人。**

76 愛情的新腳本和舊腳本

愛情腳本是法國社會學家伊娃・易洛斯提出的概念，大意是說，婚姻和戀愛看起來是個人選擇，其實是由社會的經濟基礎和文化所確定的一種結構性安排，也可以理解為社會結構決定婚姻訴求。所以我們若能跳出個人框架，從社會結構上宏觀去看，很多問題就容易理解得多。

復旦大學社會學教授沈奕斐在《社會學愛情思維課》中討論過新、舊愛情腳本的衝突，還有男女在應用這兩個腳本時所產生的矛盾。

現代女性一直在爭取的男女平等，在舊石器時代的幾百萬年中都是常態，儘管男人捕獵的肉類很受歡迎，但女人採集的野果、植物根莖等，卻是人類更主要的食物來源。

農業社會中糧食種植成為最主要的食物來源，男性的體力勞動占絕對優勢，才產生了男主外、女主內的分工。經濟基礎決定了男人全方位獲得壟斷性控制，女人成為「第二性」。所以千百年來愛情的舊腳本就是——女人要找經濟能力好、身體強壯的男性去養家和繁衍後代；男人要找年輕好生養、賢慧持家的女人以便延續家族利益。

那麼新腳本是怎麼出現的？同樣源於社會發展。

第一次工業革命之後，勞動不再純粹依靠體力，以腦力操作機器也可以創造社會價值。女人對男人的依賴度降低，甚至可以獨立工作養活自己，於是社會結構改變，男女平等重新被強調，女性的愛情新腳本裡，出現了尊重、平等、個人審美、自我實現等這些超出物質層面的需求。

當下最大的衝突是，我們正處在一個新、舊愛情腳本交替的時代，在兩種腳本中來回掙扎著，在很多現代女性身上明顯能看到舊腳本的痕跡。

電視劇《完美伴侶》中有位全職太太吳敏，他受過高等教育，自願選擇了男主外、女主內的婚姻，成為丈夫林慶昆的附屬品，這是典型的舊腳本。但他在婚姻中發現全職主婦的價值從不被尊重，於是嚮往新腳本中的平等和自我實現。

另一位女主角陳珊，他表面上選擇了新腳本——自己是優秀能幹的律師，一個人打拚到擁有兩間房，他的丈夫孫磊事業心很弱，無微不至照顧家庭，解除妻子拚搏職場的後顧之憂。但陳珊潛意識裡又希望孫磊能像舊腳本裡的男人一樣具備足夠的事業心，成為家庭的經濟支柱，當孫磊無法做到，兩人都覺得很累。

同樣的問題，也適用於男性擇偶。

林慶昆是典型的舊腳本男性，他被妻子吳敏揭竿離婚後開始反思，有個學習尊重的過程。反而是孫磊，他無限體貼主外的妻子，犧牲自己的理想和機會，嘴上不說，內心裡的奉獻砝碼越來越沉重。即使收入遠差於陳珊，孫磊依然覺得是自己在罩著全家，但陳珊意外懷孕準備生第二胎，真正需要孫磊養家的時候，他才發現自己沒有賺那麼多錢的能力，心底那點舊腳本的「大男子主義」，自卑到痙攣了。

假如男人要求女人既要工作又要包攬全部家務，女人要求男人既要事業成功又要當個奶爸，這種「既要……又要……」的要求都超出範圍了，無法在同一個人身上實現。

最公平的方式是男女共同承擔事業和家庭，或者責權利清晰，一方拚事業，一方顧家，兩方同等重要。

我們常說，女性不要為了愛情和婚姻放棄自我和事業。婚姻也許漫長，愛情的保鮮期卻很短暫。一旦選擇全身心依附於男人，他必然自私甚至無情，這是人性。值得奔赴的愛情不會成為事業的絆腳石，真正愛你的人又怎會要求你放棄自我呢？

千百年裡都是男人保護女人、女人奉獻一生的愛情腳本，想要在幾十年的社會發展中完全更新進化是幾乎不可能的，但是在未來，幸福的家庭需要在很多方面達成共識和平衡——無論男女，都不再是一個人完全犧牲，另一個人完全甩手。

77 自我，並不容易找到

一九八五年十二月，英國戴安娜王妃在皇家歌劇院的舞臺上，與著名芭蕾舞者韋恩．斯利浦共同表演了一曲比利．喬的〈上城女孩〉（Uptown girl），據說這是他為當時的威爾斯親王查爾斯慶祝三十七歲生日所精心準備的驚喜。

戴安娜王妃祕密練習和彩排，舞伴回憶：「當戴安娜出現時，觀眾們都屏住了呼吸，幾乎不敢相信自己的眼睛。」

演出大獲成功，謝幕了八次，戴安娜王妃甚至向查爾斯親王所在的王室包廂行了屈膝禮，可惜的是這份驚喜對於查爾斯而言卻成了驚嚇，他甚至認為這是「不恰當的行為」。

戴安娜的這組照片一度被封存，直到十年後的一九九五年才出現在小報上，後世公認的觀點是：查爾斯和戴安娜不適合，完全是兩個不同世界的人。

戴安娜雖然出身貴族，但成績實在太差，連高中都沒讀完，只當過幼稚園的幼兒保育員，而查爾斯是劍橋高才生，一本難啃的哲學書就能消磨半天，但從某種意義上來說，查爾斯和戴安娜其實又是同一種人。

作為王室長子、未來的一國之君，查爾斯被女王寄予厚望，但他非常缺乏安全感，家庭教師說：「他在和人說話的時候，經常會被大嗓門的人嚇到，時常會想要去討好別人。」

戴安娜也有一個缺愛的童年，在求子心切家庭中降生的第三個女孩遭盡冷落，六歲時父母已離婚。他曾在一段採訪中提到：「我的父母從沒對我說過他們愛我，什麼也沒有，他們只會親親我的臉頰，我們之間也不會有任何擁抱，或者其他類似的肢體接觸。」

戴安娜和查爾斯同樣缺少安全感，都急於在成年後找到一個可依賴的人事物來「情緒補償」。

戴安娜後來說：「像所有的少女一樣，我有著這樣或那樣一些希望，就是我的丈夫會照顧我，他會像個父親一般支援我、鼓勵我……」少女時，他誤以為查爾斯就是那個成熟穩重、為自己披荊斬棘而來的王子，而王子其實也是個需要被照顧的孩子。

相似的兩個人，不僅沒能同命相憐，反倒是當查爾斯看到戴安娜的脆弱，就好像看到了曾經的自己，那個他本能想要逃離的過去。

一九八六年，查爾斯和戴安娜一同出訪加拿大，參觀世界博覽會。戴安娜沒吃東西，跟著查爾斯逛了四個小時，身體十分虛弱。他拍了拍查爾斯：「親愛的，我覺得我馬上就要撐不住了。」說完，就暈了過去。

事後，戴安娜回憶道：「他一直在責備我，他說我為什麼要當著那麼多人的面暈倒，為什麼不在門後面暈倒。真的太尷尬了。」

一頓責備之後，查爾斯繼續參觀世界博覽會，戴安娜則自行回到飯店，哭腫了眼睛。所有人都認為他得好好休息，只有查爾斯堅持讓他繼續參加晚上的活動，以免流言四起，說他真的得了什麼嚴重的病。

尋找庇護的少女失望了，乖巧聽話的「完美」王妃被壓得喘不過氣來，最後連他自己都開始討厭自己：「我不喜歡自己，我感到羞愧，因為我無法應付壓力。」

一次試錯，兩次試錯，戴安娜不斷地試探著自己的下一步該踩在哪裡才能安全著陸。終於，他學著放下在婚姻中的卑微和憤怒，放棄對錯誤的人迎合和討好，把目光從個人情感轉向慈善事業。

一九八七年六月，戴安娜將他所拍賣的七十九件服裝所得的三百五十萬英鎊全部捐給慈善事業。

一九九一年七月，為了喚醒人們對於愛滋病人的關注，戴安娜親自與一個愛滋病人擁抱，雖然在王室看來，他的行為是逾矩，但戴安娜在民眾中好感倍增。

一九九七年，戴安娜隻身一人來到非洲的安哥拉，走進安哥拉地雷區，呼籲有關國家拆除因戰爭而廢棄在地下的地雷，還百姓安全的生活，直接促成簽署《渥太華條約》，這時期的戴安娜已不是當年的孱弱少女，他日漸成熟，也更懂得運用自己的影響力。

很多人費解，查爾斯為什麼在年輕美貌的戴安娜和平平無奇的卡蜜拉之間，義無反顧地選擇後者。有個很有意思的說法是，那些強悍、獨立、能確立自我的女性才是他生命中不可或缺之重。

女王內心強大，但是奉獻給了國家，查爾斯需要另一個情緒穩定、自我明確的女人來說明他釐清目標，做他的定海神針。相比之下，當然是卡蜜拉更適合。

其實我們每個人終其一生都在尋找著自己的人生定位，誰都不是從一開始就能認清自我，確定這一生的追求——戴安娜不是，卡蜜拉不是，甚至女王也不是。

從天真脆弱的青春少女，到妥協乖巧的完美王妃，再到歇斯底里的絕望主婦，婚姻破裂後的重生，輾轉十幾年，戴安娜才找到自己的力量；卡蜜拉扛了一輩子第三者罵名，從善解人意的情人到出軌對象，從安分守己的伴妃熬成王后，也是史無前例；女王則被稱為「撿漏上位的公主」，因為伯父不愛江山愛美人，他從自由快樂的公主瞬間變成「女王儲」，從此鞠躬盡瘁服務家國，直到生命盡頭。

在找尋人生定位的過程中，誰沒有過痛苦和迷茫？我們都在不停地修正路線，跑偏，再回來；不斷被絆倒，然後爬起來；不斷地喪氣，再站起來。

最後，終於找到清晰的自己。

恍然半生已過，但那又如何？**沒有什麼比歷盡波折找尋到真實的自己更為快樂和強大**。

戴安娜短暫的三十六年生命中，他從未停止過尋找自我，這或許才是普通人長久喜歡他的原因，也是他的魅力。

78 偏心疼愛自己

家裡如果不止一個孩子，父母能做到不偏不倚，一視同仁嗎？很難。

普通人家資源有限做不到，真有皇位要繼承更做不到，比如伊莉莎白二世和妹妹瑪格麗特公主，就是南轅北轍的選擇。

伊莉莎白生性穩重，溫和又有主見，幼年就被祖父喬治五世看好。

一九四〇年，十四歲的伊莉莎白在妹妹的陪伴下第一次發表公開演講，他說：「我可以誠實地告訴你們，我們家的孩子充滿了快樂和勇氣。我們正在盡一切努力幫助我們英勇的水手、士兵和飛行員，我們也在努力分擔戰爭的危險和悲傷。」

之後的四年裡，伊莉莎白和瑪格麗特每年都會在耶誕節表演童話劇，無論是《灰姑娘》、《睡美人》還是《阿拉丁》，姐姐都負責演王子，妹妹則扮演公主。

十九歲的伊莉莎白在二戰服役中接受了卡車司機和機械師的培訓，學會開車、修車、換輪胎，從此一輩子熱衷於駕駛。而相比伊莉莎白是唯一沒有駕照就可以開車的英國人，唯一服過兵役的女性皇室成員，唯一接受過更換火花塞培訓的女王等等，瑪格麗特公主卻是第一個把迪奧裙子穿進英國王室的人，第一個在電視上公開轉播王室婚禮的人，四百多年來第一個嫁給平民（攝影師安東尼·阿姆斯壯－瓊斯），也是第一個分居和離婚的皇室成員。

電影《羅馬假期》裡，奧黛麗·赫本飾演的安妮公主，就是以瑪格麗特公主為原型。他一生最是特立獨行，熱愛芭蕾和藝術，是英國國家芭蕾舞團的主席，還是個戲劇行家，幾乎每次都能對看過的作品和演員做出獨到的評論。和姐姐伊莉莎白的端莊嚴謹甚至老成持重不同，瑪格麗特像明星一樣，明豔動人、俏皮可愛，是貴族頭號社交達人和時尚標誌。

在民眾眼裡，伊莉莎白千斤重擔一肩挑，永遠在盡心盡職；瑪格麗特則始終是一個漂亮卻被寵壞了的孩子，甚至常常成為王室麻煩。也許是考慮到瑪格麗特會永遠活在姐姐的光環之下，父親喬治六世把更多的愛都傾注在瑪格麗特身上，公開稱讚「他有天使的容貌、嬌美的身段和明星的氣質」。

喬治六世去世之後，伊麗莎白自覺地像父親一樣繼續寵愛妹妹，繼續對他無盡寬容。在瑪格麗特愛上比自己年長十六歲、離過婚的湯森少校，鬧得舉國嘩然時，伊莉莎白剛剛登基，正是內憂外患的關鍵時期。

外界傳說是女王為了王室顏面一手拆散了妹妹的幸福，但實際上，王室為了成全公主的婚事，甚至準備廢止延續了兩百年的王室婚姻法律，可惜最終，瑪格麗特在輿論和教會的壓力下自己選擇了放棄。

很多年裡，在自稱「It Girl[3]」的瑪格麗特一手拿著雪茄菸，一手舉著酒杯流連於各種雞尾酒會之時，他的姐姐伊莉莎白卻正在焦頭爛額地撐起一個分崩離析的落日帝國——只不過比瑪格麗特大四歲，伊莉莎白二世卻獨自肩負著家國重擔。

這些年常被拿來開玩笑的瓊瑤電視劇《一簾幽夢》裡也有兩姐妹——綠萍和紫菱。姐姐綠萍是舞蹈家，他努力為夢想奮鬥，是父母心目中的驕傲；妹妹紫菱從小就是麻煩精，不太會讀書，工作不認真，每天作夢。

綠萍疼愛妹妹，自認是他的保護傘，卻不知紫菱從小暗戀未來姐夫。結果，綠萍夢碎，不幸在車禍中失去一條腿。而紫菱卻迎來開掛的人生，圓了所有的夢，活成

3 通常指常現身於主流社交及終日參加派對的時尚女郎，有一種難以描述而讓人傾倒的不凡魅力。

集萬千寵愛於一身的小公主。

爭議最多的一個情節是，男主角費雲帆為妹妹不平，義正詞嚴責備姐姐：「那個時候的你，只不過是失去了一條腿，紫菱呢，他丟了半條命啊，更不要說他為你所割捨掉的愛情。」

多麼諷刺。

我年輕時的確覺得愛情更重要，但是現在我人到中年，在腿和愛情之間毫不猶豫保全腿，不是褻瀆愛情，而是太明白：只有腿才能為成年人遮風擋雨，只有腿才能走出自己的路。

如果失去腿，成為愛人的累贅，哪個愛人能吃苦耐勞照顧你一輩子？

分明姐姐綠萍犧牲更大，卻依舊是妹妹紫菱被保護周全。

男女之情有偏愛，而親情當中，父母對不同子女的情感定位也不相同，對長女長兄是期盼多於寵愛，對幼女稚子則是疼愛多於責任；對能力強的孩子是要求多於去體諒，對能力弱的孩子則是保護多於求回報。

「小公主」和「小王子」既是家庭身分也是一種性格，他們從來不缺疼愛與照料，而「大家姐」同樣是一種性格和擔當。我的好友高老師說：「老是想給父母交代、給愛人交代、給孩子交代、給工作和社會交代，結果第一人家不在意，第二浪費太多內心戲，耽誤自己真正的快樂。」

我是獅子座，這兩年逐漸弱化天生的「大家姐」性格，學到的新本事是：特別心疼自己和認慫，恨不得分裂出另外一個自我，對本身的自己豎大拇指——你太累了，好好休息和享受一下。

要強、體貼、高付出，這些特質做起來太累，有餘力不如偏心疼自己。

79 「活得久了，人生充滿驚奇」

二〇二二年九月十三日，在希爾斯伯勒城堡，剛剛繼任的查爾斯國王簽署訪客登記簿時，手中的鋼筆開始漏水。

「啊，天啊，我恨這個！」查爾斯突然生起氣來，「我受不了這該死的東西，每次都那麼臭！」查爾斯還沒注意到自己手指上的墨水就把筆遞給了妻子卡蜜拉，墨水也流到了卡蜜拉的手上。他平靜地擦了擦，拿起一支新鋼筆，簽上名字，任務完成。

又一次，卡蜜拉為查爾斯冷靜圓場。

距離公開披露查爾斯和卡蜜拉婚外情的傳記──《戴安娜：他的真實故事》出版的一九九二年已經過去了三十年，而戴安娜也去世二十五年。

卡蜜拉從一九七一年認識查爾斯，半個世紀過去，各自經歷婚姻後，直到二〇〇五年才再婚在一起，假如沒有戴安娜付出沉重代價，這段感情會更動人吧。

人人都愛戴安娜，查爾斯卻偏愛卡蜜拉。

結婚十七年，兩個人合照仍然被捕捉到很多笑容和歡樂，跟查爾斯、戴安娜的「同框惡夢」形成鮮明對比。王室評論員們都說，有卡蜜拉在身邊，查爾斯常常顯得很放鬆。雖然經常被放在一起比較，實際上，卡蜜拉跟戴安娜根本不是一代人，卡蜜拉比戴安娜年長十四歲。

同樣出身貴族家庭，卡蜜拉身為家中長姐，對原生家庭評價很高：「如果人們認為我堅強不屈，那完全應該歸功於我的家庭。在我成長的過程中，它給了我無限的關懷和溫暖。當我遇到危機時，從來不用擔心，因為我的家人總會及時地出來幫助我擺脫險境。無論發生什麼，我知道我為人所需，被人所愛。」

戴安娜卻是在求子心切的家庭中降生的第三個女孩，並不受歡迎，「缺愛」讓他單純以為嫁給王子就能得到庇佑和依靠，可是王子更需要安撫，更愛用逃避解決問題，只有遇到自信、理智、幽默的卡蜜拉，王子才感到自己算是安全著陸。

戴安娜和查爾斯，幾乎沒有共同的興趣愛好，戴安娜曾駁斥過這個看法，他說自己和查爾斯都喜歡民眾、鄉村生活、孩子，都對公益事業十分關心。說實話，這些更像「王子和王妃」的工作內容，像同事之間的愛好，作為夫妻，「下了班」不能只談民眾和公益事業。

相比之下，卡蜜拉和查爾斯交集更多。倆人都熱愛讀書，卡蜜拉說：「我和他之間最好的一點是，我們可以坐在同一個房間不同的角落內看書。我們不用特別找話題交談，僅僅是陪伴在彼此身邊就會感覺到放鬆。」

戴安娜不同，他中學沒畢業，會考不及格，只喜歡讀繼外婆寫的言情小說——他的繼外婆叫芭芭拉．卡特蘭，號稱「英國瓊瑤」。

卡蜜拉熱愛園藝，六十歲生日時，查爾斯送他兩隻稀有品種的綿羊作為禮物，還特意挑選一批耐寒、耐旱的多年生常綠植物，種植在他們的海格洛夫莊園裡。

查爾斯更是園藝好手，海格洛夫莊園就是他四十年前買下的一塊荒廢空地，花了半輩子把廢墟變成了人人嚮往的花園。

一九九七年戴安娜去世時，我十九歲，處於剛讀完高四[4]準備上大學的暑假，我爸走進房間說：「戴安娜去世了。」

我的腦袋「轟」了一下，我的偶像、全世界最讓人羨慕的女人死了？

4　此為戲稱，指高考復讀，是中國高考生因為落榜或未考上理想大學，決定花一年的時間複習重考。

那是我第一次在現實中感到「人生如夢」，覺得是巫婆一樣的卡蜜拉親手毀了戴安娜的人生啊。

現在二十五年過去，我在現實中喜歡上了一些自己曾討厭的人，也和一些曾經交好的朋友漸行漸遠，思維與過去完全不同。

我依舊喜歡戴安娜，但他的性格的確有非常「擰巴[5]」的地方。企業家馮侖說，什麼叫擰巴？你是個悲觀主義者，卻悲觀得不徹底。

越缺愛的女孩，越無法解決自己感情的問題，而缺愛是戴安娜的原生家庭所自帶的，而軟弱或許是查爾斯作為王位繼承人被寄予厚望的使命和壓力所導致的。

戴安娜的夢幻泡泡破滅之後，他一度歇斯底里，試圖挽回，查爾斯都選擇了逃避。他一句「你是不是胖了」，戴安娜便開始瘋狂減肥，腰圍從二十八吋減到二十六吋；他一句「黑色衣服只有葬禮才穿」，他從此刻意避開高級性感的黑色，直到身穿「復仇小黑裙」亮相；直到他發現一切行為於事無補，開始在一任又一任情夫之間輾轉迷失。

5 北京方言，指人的性格比較彆扭、愛與人較勁。

相反，卡蜜拉是個完全不擰巴的人，老天發什麼牌，他就照著牌面往下打。嫁給第一任丈夫安德魯是出於理智判斷——和查爾斯不可能在一起。

戴安娜去世，他一度成為人民公敵，蟄伏兩年才露面。卡蜜拉等待八年後嫁給查爾斯，繼續被千夫所指，遭到見縫插針的嘲笑和謾罵。

嫁入王室也並非一步登天，上有女王婆婆，下有未來王后兒媳，他在十七年的婚姻裡，所隱忍的又何止幾句罵名。

半個世紀過去，時間或許證明了他與查爾斯才是靈魂伴侶，戴安娜是插曲，三個人的婚姻狀態是王室身分造成的悲劇，不是卡蜜拉本人能決定的。

假如戴安娜的生命沒有因為意外而在三十七歲終止，年齡再長一些，心智再成熟一些，也許一切都會不同。

有足夠的時間才有足夠變換、跌宕的空間，才能等到迷霧逐漸散去，才能讓痛苦逐漸變成平靜，才能把困頓緩慢踏成坦途。

時間和閱歷本身就是財富，就像宮崎駿電影《兒時的點點滴滴》裡那句：「你活得久了，就會發現人生充滿驚奇。」

80 結婚需要「划算」

一個平時從不八卦的女性朋友跟我說他前一天晚上沒睡好，因為那天半夜快一點的時候，有個很久、很久、很久沒有聯繫的女子突然打他的電話找他老公。兩個人的老公一起吃飯，並且都沒有回家，電話裡的人問他：「你老公回來了嗎？」

他說：「不知道，我出去看看，按規矩，他十一點以後回來自覺睡客廳。」看完之後，他回覆：「沒回來。」

電話那頭抓狂：「哎呀、我家那個誰，也沒回來呢，你能不能打電話問問，他們到哪裡了？我擔心老公。」

朋友這才反應過來——我這老婆怎麼當的，老公後半夜還沒回家，我居然睡得這麼香！——於是打電話過去，聽到自己丈夫說：「對方喝多了，馬上就回家。」

第二天，我這個不管老公死活的女性朋友特地跟我講故事：當老婆，沒幾個比

「電話女神」更鞠躬盡瘁，洗衣、做飯、烘焙、帶孩子、發社群謳歌丈夫。

聽起來誇張，但「電話女神」多年前就打定主意，他不需要工作和自我，他希望工作只是自己的休閒方式。幾乎所有朋友都知道，他是怎麼用電話追蹤丈夫，緊緊拴住丈夫，指導他往上走，然後踏實享受丈夫創造出的前景和價值——這就是他的夢想。

我挺能理解，內心沒有絲毫貶義。雖然他的做法完全不符合現在「女性自強」的主流，但婚姻對他而言很「划算」，實現了他對結婚的訴求。

另一個朋友則是現實版的「梅索太太」。二十年前，他也是一心輔佐老公，上面那位是待老公如「上帝」，他是把老公當「雞娃[6]」。老公特別不愛看書，他就把每一本書都做成像知識付費產品那樣，自己先看一遍，再把書裡的精華向丈夫複述一遍，每本書幫他劃重點，淬鍊中心思想，幫他寫工作報告……

這段婚姻就像電影一樣，觀眾以為老公挺厲害的，是個升級打怪的高手，沒想到原來他背後有一個軍師。後來，「知識付費夫妻」離婚了，因為老婆覺得自己單幹

6　網路流行語，指望子成龍的父母要求孩子要有好成績。

會比老公（前夫）有出息。

他一對一輔導他那麼多年，煩了。

事實也證明，單飛之後的老婆果然極其成功。

這很像脫口秀女王黃艾莉的段子：「我們女人把太多時間花在替丈夫過悠哉的生活了。我如果能有個老婆，你們知道我會有多成功嗎？」

講這兩個故事，我最後的結論不是為了否定婚姻。我想說的是，一個人決定結婚時，不僅需要考慮道德、責任、義務方面，也請用一個發自本能的考量來問問自己：「結這個婚，我到底划不划算？」

每個人心中「划算」的利益點不一樣，為此忍耐的「內容」也不一樣，只有自己才知道生活的細節和承受力如何。或許是因為我看待婚姻並不極端，周圍幸福的朋友樂意跟我分享他們的恩愛生活，失望的朋友也願意跟我吐槽他們的狀況。

周國平老師說：「愛情是精神生活，遵循理想原則；婚姻是社會生活，遵循現實原則。」拋開價值交換、契約精神、婚姻合夥人、利益共同體這些高深的字眼，婚姻的本質不就是划算嗎？

人一輩子真能為自己活的時間其實很短暫，幼年要仰仗父母的照料，成年要應對社會的要求。當我們達到了一個小階段，真的成為一個通情達理、事事都看得開的人，能夠實現為自己而活的時候，卻發現這個階段短到轉瞬即逝，所以才要抓緊時間讓自己開心啊，自己覺得滿足，才是人生最大的划算。

第九章
自信

81　幸福是小狗的尾巴尖

朋友說：「讀書是挺好的，但我就讀不下去，因為太不快樂了。」

我問他：「你讀什麼樣的書會感到開心呢？」

他有點不好意思：「那時尚雜誌吧，或者故事書，就是淺顯易懂的。但我覺得承認自己喜歡讀這麼淺薄的書多丟臉，生活很沒有意義似的。」

我說：「讓你開心就是最大的意義啊。」

我自己的體會，讀書有三個誤解。

第一個誤解：每本書都得一個字一個字地看完。

其實只要記住了書裡的核心觀點，甚至只從一句話裡獲得啟發，都不算白讀。要怎麼找到核心觀點？目錄就是地圖。拿到書先把目錄讀一遍，立刻瞭解這本書的大概路線，很容易判斷哪些是自己以前不知道的或者現在特別想瞭解的，就好像決定哪一段閱讀路程可以走快點，哪一段需要慢慢看。

我以前看到頁數比較多的書就容易卻步——那麼厚，什麼時候讀得完啊！後來我不再用「讀完」作為硬性指標要求自己，輕鬆去看，喜歡的就多看一些，不喜歡就放下，心理壓力瞬間小了很多，閱讀興趣反而更濃。

第二個誤解：強迫自己讀長篇巨著。

千萬別這麼想。讀這些書時，世界名著要從故事性強的開始看，著名作家要從短篇開始看，至於經典作品，看不懂就算了，並不是你水準低，而是寫作年代和風格與現在距離遙遠，不理解很正常。

舉例來說，如果沒讀過愛情爽文《傲慢與偏見》，千萬別看魔幻現實主義《百年孤獨》，前者是純故事，按照時間順序往前推進，很容易讀下去，而後者用了大量傳奇和神話，在現實和虛擬中來回穿梭，寫法有意識流的成分，得拿支五色筆來做筆記，不然讀了後面就忘了前面的事件。

讀書也得從容易到難。同一個作者比如奧地利作家史蒂芬．茨威格，先讀《人類群星閃耀時》，裡面是十四個短故事；再讀《斷頭王后》，這是路易十六的王后瑪麗的長篇傳記，女性更容易懂；最後看《昨日的世界》，這是茨威格的最後一部作品，是心靈獨白。有幾個入門級文學大師，法國作家歐諾黑·德·巴爾札克、莫泊桑、美國作家費茲傑羅，他們用平實的語言描寫複雜的人性，故事性特別強，大眾都容易接受。

像意識流代表《追憶似水年華》、獨白鼻祖《莎士比亞全集》的表達方式和作品年代與現在差別太大了，不要一開始就去挑戰。

第三個誤解：必須做讀書筆記和心智圖。

讀書有兩個目的，一是學習，二是開心。學習的時候怎麼認真都不為過，但讀書也是娛樂，開卷有益，茶酒相伴，躺在沙發上，看到共鳴處會心一笑，這多愉悅啊。試著把瑪格麗特·米契爾的《飄》、柯林·馬嘉露的《荊棘鳥》、夏綠蒂·勃朗特的《簡·愛》當成言情爽文來讀，也是蕩氣迴腸。馬可·奧理略的《沉思錄》類似嚴謹的雞湯，喬治·歐威爾的《巴黎倫敦落魄記》類似高級的記者暗訪。讀書筆記和心智圖不是較量和炫耀，只是習慣而已，如果這個習慣加重你的閱讀負擔，讓你感到太累，那就不用。

不必給自己設立太高的閱讀門檻，也不必神化任何一種愛好和趣味，過度強調「意義」和「價值」這太沉重了，會降低做事本身帶來的快樂。

作家黃桐寫過一本書叫《幸福就像狗尾巴》：「一隻小狗問媽媽幸福是什麼，媽媽告訴牠，幸福就是牠的尾巴尖，於是小狗拚命地試圖去咬到自己的尾巴尖，卻一次又一次失敗。小狗很沮喪，問：『媽媽，我為什麼追不到幸福？』媽媽說：『你呀，只要抬起頭往前走，幸福就一直會跟著你。』」

生活裡也是這樣。

我們習慣竭力追逐「幸福」，理性分析「幸福的成分、意義和價值」，研究做什麼事情才能幸福。其實**幸福不是冷靜的探索也不是刻意的追逐，更多的是體驗的過程**。「好事經不起琢磨」這句話從心理層面來說是成立的，沒事別總是想「這段時間我運氣怎麼這麼好」、「他愛我，究竟是看上我哪一點呢」、「孩子最近為什麼這麼省心」……

閱讀的幸福、家庭的幸福、友情的幸福，觸類旁通，太刻意、太理性、太追求意義感和價值感，既不容易快樂更不容易幸福。

82 先完成，再完美

我曾經在電影院見過一對夫妻，丈夫居然帶著行李箱看電影。

電影到三分之二處，丈夫起身拖著行李箱離開，很親暱地摸摸妻子的頭髮。

我很詫異。

電影散場，燈亮起來，很巧，妻子認出我（他看過我的書），我問：「你先生有事先離開了是嗎？」

妻子說：「是啊，他在外地工作，我們家異地很多年，我特別喜歡看電影，他每次都陪我看一段再去機場。」

我問：「只看半場會遺憾嗎？」

妻子說：「我會把接下來的劇情告訴他呀，我們又多了一個話題呢。他回家時間少，家事又很多，要照顧老人、孩子，就算我們只看了一半電影，也是彼此陪伴，總比連一半都沒看強得多吧。生活就是這樣，老想著完美答案就沒有答案，老想著完美就不會去動手完成了。」

我被他的話觸動，因為我經常用「完美主義」作為理由，不去做一些事。比如太忙了，那就不打電話給爸媽，時間不夠乾脆不聯絡；比如一項工作，我要等到萬事俱備才動手去做，於是一拖再拖，不了了之。

假如別人看「半場電影」都覺得幸福，我為什麼不能「先完成，再完美」呢？從那以後，我凡事想得少但做得多，即便沒準備好也邊做邊調整，很多事情都發生了轉機。其實做事就應當先完成，再完美，在完成的過程中一絲不苟、全情投入，慢慢地在過程中也能實現完美。

維納斯的雕像那麼美，也是先有了姿態，而後精雕細琢。海明威還說，一切文章的初稿都是狗屎，得慢慢修改出來。

在陰晴圓缺的生活中，在幾乎不存在完美的世界裡，活出屬於自己的圓滿是一種本領。

83 愛情的真相

1. 你有價值，你的愛才有價值

愛情需要付出，可是你的付出一定不能有卑微感。愛情的本質是讓我們更加瞭解自己，而不是討好別人。你喜歡自己，別人才會喜歡上你；你的個人價值越高，愛情中的選擇餘地就越大。也許你覺得自己不夠漂亮、不夠優秀，希望用付出的方式彌補這些所謂劣勢，但其實沒有用。

「雖然我不漂亮，但我收入優越；雖然沒有世俗意義的成功，但我情緒穩定；雖然我原生家庭不完美，但我個人能力超群。」這些都是補償機制，最無用的是傻傻付出。

記得，個人發展永遠優於一切。

2. 不嘗試改變任何人

江山易改，本性難移，一個人的性格和價值觀刻在骨髓裡，要麼接受，要麼分手。男人戀愛的樣子幾乎就是他最好的樣子，指望他結婚之後脫胎換骨越來越好，希望很渺茫。

一個相處起來讓人感到舒服的人，大多是因為他基本素質很好或者是遇到某個巨大挫折不得不變好，而不是後天被誰改造得很好，任何人都沒有那麼大的能力。有這股力氣，不如改變自己，再相愛的人也是兩個獨立個體。

3. 感情無法比較

不拿自己的感情和別人比較，然後覺得委屈、不划算。每個人對情感和婚姻的需求不同，有人要陪伴，有人要禮物，有人不喜歡別人約束，有人喜歡秀恩愛……沒有好不好，只有適合不適合。越多人介入和評價，兩個人的感情越糟糕。

你們的感情好不好，唯一判斷的標準是你自己的感受。請相信愛情，但是也保持原則——像他永遠會陪在身邊那樣期待，也像他隨時會離開那樣生活。

84 放下虛榮心

心理學上有種人格叫作「雷普利症候群」，是指一個人陷入提升身分的欲望而不斷說謊，最終自己也難以分清真實和謊言，於是生活在幻想中，形成人格障礙。

這個稱呼源於電影《天才雷普利》，雷普利嚮往高雅藝術，卻只能在劇院當服務員，住在和屠宰場毗鄰的地下室。他偽裝成耶魯校友，模仿別人的聲音、動作和字跡，然後一步步被欲望驅使，鳩占鵲巢，謀財害命，走上不歸路，這既是人格障礙也是虛榮所致。

法國哲學家亨利．伯格森說：「虛榮心很難說是一種惡行，但很多惡行都圍繞虛榮心而生，都不過是滿足虛榮心的手段。」

有一次，我臨時去一家不熟的美甲店做單色，美甲師笑道：「那個太普通，跟您不配，您不如做這種鑲鑽的，高級貴氣。」

我說謝謝，就這個基礎款，他邊準備工具邊偷偷地說：「您的氣質那麼好，消費不妨更匹配。」

說實話，我二十歲要被這麼一激，鐵定咬牙選擇更貴的，那時生怕流露出一點寒酸，面子大過天。四十歲以後，是真無所謂，不覺得只有擦貴婦面霜才是貴婦，不認為戴名牌首飾就是消費升級，**不被價格和別人的評價綁架才是放過自己**。我每天需要打字，如果雙手鑲滿鑽，還怎麼寫稿？

因為工作原因，我接觸過一些「富豪」階層，他們自己及其子女衣著簡單，很多保持著「終身工作」的狀態，因為工作是和世界保持連結的方式，是讓思維不落伍的方式。

自卑和虛榮總是狼狽成雙，虛榮源於自卑，自卑又助長虛榮。

除了帶來心理上的擰巴，還有無謂攀比的精神內耗，毫無用處。

85 撒嬌的本質是示弱

我二十多歲時，有位姐姐跟我說：「你呀，太倔強了，一點都不會撒嬌，要吃虧的，你去跟小鹿學學撒嬌。」

因此，我就去找小鹿學了。正好他男朋友和我當時的男朋友都要加班，我們幾乎同時接到對方要加班的電話。

我這樣說的：「好呀，你忙吧，我會照顧好自己，再見。」

小鹿，對著電話柔軟地說：「你要早點回來呀，如果你不回來，我就到樓下去等你，讓冷風吹我，直到你回來。」

我當場目瞪口呆，明白小鹿這個特色我學不會，我甚至挺鄙視使用所謂的「女性魅力」去獲取異性照顧的人。

很多年以後，我讀到蔡康永老師寫的另一種「撒嬌」。

一位男性要出差，把家裡的小狗抱去請房東太太代為照顧三天。他說：「我們家的小狗自上次見到房東太太以後，每天都要抓門，要我帶牠來找房東太太玩。牠從來沒有這樣過，連我帶牠去參加蔡依林的簽名會都沒有這樣。我要出差三天，不巧沒人照顧小狗，可以請你幫幫忙嗎？」

這樣說話，別人很難拒絕。

蔡康永老師解釋，撒嬌的核心是示弱，不是嗲聲嗲氣、扭動肩膀。

現在，我是一個中年人了，的確沒有學會小鹿那樣的「撒嬌」，我學會了照顧好自己的工作、生活和心情，學會了不給別人添麻煩，獨立面對和解決問題，也收穫了真正欣賞和心疼我的人。

同樣地，**我學會了「合理示弱」，主動向更有能力的人求助，主動表達自己的需求**，甚至向女兒示弱——我女兒手做能力極強，樂高玩到專業水準，更不用說拆裝電腦椅、調整電子設備之類，而我是標準的文科生，看不懂任何說明書。

每逢買了新設備時，我是總求助女兒：「哎呀，寶貝最擅長組裝啦，幫幫媽媽吧。」女兒總是表情嫌棄卻盡心盡力地幫助我。

有一次，我聽他跟同學打視訊電話說：「我媽媽呀，可笨了。」語氣中沒有嫌棄，倒是有點保護和驕傲的意思。

女性堅強而獨立不代表時時刻刻都硬邦邦，柔韌才能持久堅強；而「撒嬌」不是造作也不是使用性別魅力，畢竟我們都有需要別人幫忙、需要別人體諒的時刻。

假如讓我回到二十歲，再去接聽男朋友的電話時，我會換個說法：「好呀，你忙吧，把工作做好，但我真的也滿喜歡有你陪著，盡量早點下班多陪陪我。」

86 家庭不會耽誤女人成長，可是家務會阻礙女人的成長

男人和女人對於做家務的理解完全不同，男人至少有三個誤解之處。

誤解一：「女人願意做家務，男人就是做不好。」以及「女人擅長做家務，男人就是做不好。」錯。

你問一個女人「願意做家務，還是願意出門工作賺錢」，一百個裡面有九十九個都會選擇出門賺錢，因為出門還能賺到錢，而家務都是免費奉獻。

至於男人沒辦法把家務做好的問題，我看過一個女孩寫的故事：他爸和他媽剛結婚時，他爸為了以後不洗碗故意摔碎盤子，果然媽媽心疼盤子不讓他洗了。這件事被外婆知道，外婆說你拿他的薪水，他摔碎一個盤子你就買兩個，摔碎兩個你就買

四個，就是不要自己洗，不要讓他養成習慣。然後，他爸媽直到六十多歲，始終是爸爸在洗碗。

你看，誰都不是天生會，多做就會了。

誤解二：「收入低的家庭沒有那麼講究，家務很少。」

錯。

收入低，家務只會更多。沒有家政阿姨和鐘點清潔人員幫忙處理，處處需要精打細算，沒辦法買好用的烘乾機、洗碗機、掃地機器人、蒸氣清潔機等等；家裡地方小，更考驗收納整理能力；不捨得把衣服、鞋子送去專業打理，縫補和清理最是耗費時間；不會捨得外出吃飯，一日三餐基本上至少花掉四．五小時，還不算買菜和洗碗。

很負責任地說，收入不高也生活得舒適安樂，這種家庭肯定有個特別能幹的妻子（也許是丈夫，但機率很小），夫妻雙方相互體貼，都覺得自己的付出值得。

誤解三：「家裡有保姆，他累什麼呀？」

有保姆到底累不累？我自己深有體會。

我女兒今年十二歲，他剛出生時，家裡有一位半日制的家政阿姨處理家務，還有一位育兒保姆專門帶孩子，按理說我真的命太好，完全不用操心吧？不是的。

首先，工作不是划水就能完成，我是銷售崗位核心負責人，還沒出月子中心就被搶客戶，馬不停蹄趕去上班——大多數請了阿姨的家庭不是要過少奶奶生活，而是因為妻子的工作和收入同樣重要。

其次，阿姨處理的是「家務」，不包括「規劃和安排」。孩子的教育、服裝、奶粉、疫苗不會自動出現，買菜作帳、衣食住行都是瑣碎。另外，管理阿姨非常耗神，很多家庭有了孩子要和老人同住，而老人通常容不下阿姨，造成育兒阿姨像走馬燈一樣的換，妻子被迫成為「家政仲介能手」。

阿姨放假時，就是媽媽上崗日，這種無縫接軌的生活實在太頻繁、太消耗了。

有一次，我和最要好的朋友通電話，只聽得手機裡一片嘈雜，他努力而大聲地說：「我在帶兒子配眼鏡，雨太大了，從家開車到這裡就用了一個半小時。」

他曾經是職場上呼風喚雨的中高層，對重要專案拿捏到位，對複雜關係遊刃有餘，每天意氣風發。只是，兒子高中了，要給孩子更多關注和教育，全家商量後，他退居次要崗位主內，帶孩子、做家務。

真正需要做出犧牲和放棄時，大多數家庭都是由女性承擔。

我認同「家庭不會阻礙女人成長」，但是「家務一定會阻礙女性成長」，因為家務最可怕的並不是巨量難測，而是它能迅速養成一個女人瑣碎的氣息，因為總是被碎片化的事情打斷，所以變得很難宏觀思考；因為帶孩子必須大量說簡單、重複的話，還要把智力降低到跟孩子相同的年齡，陪伴他思考和成長，所以說話不再簡明扼要，變得囉唆；他很難有時間讀書，就算讀也是和孩子有關的育兒書。

他的眼界有辦法變得開闊嗎？

女人被侷限在家務的方寸空間裡，一定會變得敏感脆弱、自卑薄弱。如果一個女人打算結婚，強烈要求「價值觀一致」是有點虛無，但請一定和伴侶討論清楚：家務怎麼做？有空一起帶孩子、打掃家裡、洗衣做飯，認可和尊重彼此的付出，這就是最務實的愛。

87 立場不同

二〇一三年九月，一塊墓誌銘在西安出土，不僅顛覆了所有史書記載，也還原了一段塵封千年的友情，從此，上官婉兒的形象被逆轉。

時間回到上官婉兒初進宮的那一天，西元六七七年，十三歲，被武則天召見，「聰達敏識，才華無比」，從此被武后留在身邊，與最得寵的太平公主成為密友。

史書記載，上官婉兒先後嫁過兩位皇帝，十三歲被武則天安排嫁給唐高宗，封為正五品才人。其實在唐代，女子想要在官場發展，有兩個途徑：一是常規女官，最高只能做到正五品的尚宮；二是走嬪妃的職級，最高能做到一品。當時的唐高宗已是暮年老人，和婉兒沒有夫妻之實，武則天安排他嫁給高宗，更多是為了培養得力助手，也讓他升遷更快。

西元六九六年，上官婉兒三十二歲，才華和心態都更加成熟，武則天直接安排他處理奏表，參與政務，雖無宰相之稱，卻有宰相之實，人們叫他「巾幗宰相」。

上官婉兒的第二段婚姻是嫁給武則天和唐高宗的兒子李顯。武則天晚年時，政治動盪，上官婉兒和太平公主聯合太子李顯發動「神龍政變」，武則天正式退位，李顯成了新帝。李顯登基後，封上官婉兒為昭容，地位僅次於韋皇后，負責內詔等關鍵工作。史書中說，這時的上官婉兒成為韋皇后的心腹，私生活極其混亂，權慾薰心，但墓誌銘卻與史書完全不同：墓誌銘中的婉兒曾多次以死勸諫皇帝，收回立安樂公主為皇太女的荒唐命令，甚至不惜自貶為婕妤，主動聯合太平公主和李隆基幫助更具政治能力的李旦、李隆基父子獲得政權。

既然是功臣，為什麼李隆基還要誅殺上官婉兒？因為政治。

李隆基殺上官婉兒，是為了向他的親姑姑太平公主示威。

歷史向來由勝利者撰寫，宮廷鬥爭你死我活，勝利者必須醜化和汙衊失敗者，這是唐玄宗的立場，而碑文則寄託了生者對逝去之人的思念。在上官婉兒的墓誌銘中除了讀到一個與史書記載完全相反的婉兒，也讀出太平公主對他深厚的情誼。

上官婉兒死後，太平公主悲痛萬分，親自請願恢復上官婉兒昭容身分，贈五百匹絹厚葬，安排人整理上官婉兒的詩集成冊——對於一生沉浸於文字的人，這應該是最知心的懷念吧。

墓誌銘最後一段這樣寫道：

瀟湘水斷，宛委山傾。珠沉圓折，玉碎連城。

甫瞻松檟，靜聽墳塋。千年萬歲，椒花頌聲。

自你走後，天地失色，物是人非。我靜坐你的墳塋邊，聽風吹過樹梢葉間，彷彿你我還是當時的少年。願千年萬年，仍有人如我一般，記得你的容顏。

這對少年閨蜜是否會懷念豆蔻年華的初遇？那時他是萬千寵愛於一身的公主，他是文采四溢的才女，在大唐帝國煌煌盛世中，在皇宮巍峨高牆內，他們是難得的摯友。只可惜沒多久，太平公主也被李隆基賜死家中，連帶著與他關係親密的上官婉兒墓被徹底搗毀，人生經歷被徹底改寫。

大約百年後，唐德宗時期的詩人呂溫做了〈上官昭容書樓歌〉懷念婉兒，寫道：

漢家婕妤唐昭容，工詩能賦千載同。

自言才藝是天真，不服丈夫勝婦人。

呂溫是從文學角度讚賞，這個女子的才情絲毫不輸於最負盛名的男人啊。

在唐睿宗、玄宗朝三次擔任宰相的張說稱讚上官婉兒「兩朝專美，一日萬機，顧問不遺，應接如響」，這更像一位同僚對擔任過相同職位前任的職場肯定——只有做到那個位置，才會理解工作的難度和從政的水準。

上官婉兒自己寫過一首〈彩書怨〉，字裡行間是深宮中的孤寂：

葉下洞庭初，思君萬里餘。露濃香被冷，月落錦屏虛。
欲奏江南曲，貪封薊北書。書中無別意，惟悵久離居。

為什麼同樣是在說上官婉兒，獲得的評價差異如此巨大？因為評論他的人立場不同，上官婉兒在政敵唐玄宗、摯友太平公主、同僚張說、詩人呂溫，還有僅僅作為一個女子的自己筆下，是截然不同的狀態與定性。

現實生活中也是這樣，每個人都有不同立場和不同角度，說的未必是謊言，但可能掩蓋了很多不想讓你知道的真相。**多幾個思考問題的角度，多幾個看待別人的立場，能讓我們的判斷更接近於真實**。

88　意識到讀書很有用的那一刻

一九九七年到二〇〇一年讀大學是我人生最貪玩的一段時間，特別想賺錢買漂亮衣服，當時做酒類促銷在課餘打工中薪水最高，我就去賣一種挺高級的紅酒。

第一天上班遇到一桌客人，主座上是位挺斯文的中年人，他說：「小女孩，你如果能背出五首關於酒的古詩詞，這桌就選你推薦的酒。」

我是中文系，這個題目對我不難，我從李白的〈將進酒〉、范仲淹〈蘇幕遮〉說到自己最喜歡的楊慎〈臨江仙〉：「一壺濁酒喜相逢，古今多少事，都付笑談中。」這桌客人很意外，當場踐約，選了我推薦的酒。

散場時，中年人特地叫住我問：「你願意輔導我女兒作文嗎？」我說：「那比賣酒賺得多嗎？」他說：「短期不一定，但長期看，肯定更能發揮你的特長。」

我答應了。

這位中年人外派到合肥工作，太太是全職主婦，女兒上小學，我帶了孩子一年半的作文課，大多數時間和母女倆愉快相處。這家人都愛看書，我們經常討論某本經典書籍或者最新暢銷書，那是我收獲很大的兩年。後來他們換到其他城市工作，還幫助我推薦申請暑假實習單位。臨走前，學生的爸爸交代：「筱懿，**讀書不是讓你立刻賺到多少錢，而是讓你做任何事都更有方法、有思路**，賣酒這樣的銷售工作也能用知識賣得有文化、有特點。」

現在，我也成為中年人，始終保持閱讀習慣。

每個人都只能活一輩子，而讀書可以把生命擴容為N輩子，從書中見識到無數種活法；我們的大多數朋友都是身邊人，唯獨書籍可以穿越時空，帶我們與古今中外的智者交流。

我讀書沒有功利心，但我的確相信：所有書都不會白讀，它總會在未來日子的某一個場合幫助我表現得更出色。

89 父母不僅得孝順，同樣要管理

倪匡先生說：「人類之所以進步，主要因為下一代不怎麼聽上一代的話。」這個觀點有爭議，但我其實挺認同——對父母，不僅得孝順，同樣得管理。

有三種類型的父母很常見，卻對孩子傷害特別大：

1. 自我感動型父母

總是說你一定要考上好大學、有好工作，你爸媽為了你犧牲多少時間和機會。這種話無形中帶給孩子巨大的壓力，造成子女做任何決定都要優先考慮父母的感受和家庭的利益，變得畏首畏尾，不敢選擇自己所愛，甚至覺得自己必須犧牲才能對得起家庭。其實沒必要，人先把自己的生活過得順遂了，才有餘力兼顧別人。

2. 否定打壓式父母

最經典就是老是拿子女跟別人家孩子比較，自家孩子什麼都不行，別人家孩子滿眼都好；還有些事業成功的父母乾脆拿孩子跟當年的自己做比較，充滿優越感：「你跟我當年比差多了！我這麼厲害，怎麼有你這麼笨的孩子！」

這類型的父母把嚴厲要求和打壓作為激勵子女成才的主要手段。假如孩子不反抗、不調節，會變得非常缺愛和自卑，認為自己不值得被肯定，成年後討好型人格的機率很大。假如他們把這種自戀的方法、指責的方式用在孫輩身上，對子女是更大的打擊，所以子女需要保護好自己的孩子，盡量不要讓孩子單獨和否定打壓式的爺爺、奶奶長期生活在一起。

3. 嚴重情緒化父母

一位朋友說起自己的媽媽，高興時像春天一樣溫暖，但突然就會不高興，用最刻薄的語言攻擊他，要求他做什麼時都要按照媽媽的節奏，否則立刻發怒。

有一次，媽媽在電話裡訓斥他，用重複了千百遍的節奏、語言和語氣，他實在扛不住，悄悄把電話放下。一小時以後再拿起來，媽媽還在念叨，根本沒有發現他離開過一小時。

孩子會以父母為範本，父母嚴重情緒化，孩子往往易怒、膽小、缺乏信任，學會情緒處理的難度比別人高出很多。

奧地利心理學家阿德勒說：「幸福的人用童年治癒一生，不幸的人用一生治癒童年。」這句話我認同一半，原生家庭是人的起點，但我們這一生相處最久的人依然是自己，得學會主動管理好自己的生活，包括主動管理與父母的關係——有反省也有反抗，有理解也有諒解，有掙脫也有回歸，有破碎也有重建。

成年獨立生活後，我曾經嘗試與父母當朋友，發現實在太難——年代、年齡、閱歷、知識完全不同，根本無法達成共識，但我發現「管理父母」有一個很好用的方法，叫作「模糊焦點」。

「管理父母」不是跟父母吵架或者正面對決，爭吵沒用，爭吵意味著內心當中還存在幻想，希望能夠跟父母講清楚道理，可以改變他們——這根本不可能。與父母發生分歧時，我們需要心理上堅定自己的意見，行動上分散注意力，類似於一邊微笑一邊打岔說「哎呀，趕緊吃飯」；「我們出去散個步吧」；「我手頭還有一些工作，先忙一下」，想辦法岔開話題，在無形中迴避掉矛盾。

「管理父母」不是跟父母認真，大多家事根本說不清楚，大多家務也不是被立刻「解決」掉，而是拖著拖著解決方法自然就出來了。我們明白了父母的局限和缺點，在父母和自己之間設立一道防火牆，不讓他們的局限性過度影響自己，過度衝擊自己的小家庭，就是最有效的管理。

我逐漸明白：和父母最強的聯繫其實是血緣關係帶來的親密，至於思想同步、觀念理解、生活的互不干涉，得之是幸運，不得是正常，反復調整是必須的。

為什麼人長大了會不聽話？因為我們終將擁有自己的生活。

90 很多煩惱，都是閒出來的

幾年前我給自己放了長假，連續一個月不工作，我以為會更快樂，結果完全相反。旅行兩圈回來，才過去半個月，每天上網瀏覽各種閒雜訊息就覺得「欸，這個作者文章寫得也很勉強，為什麼點閱數比我高？」越想越生氣，深感不公平。

我積極參與父母的生活，認為他們土且落伍，自作主張買了很多時髦物品，可士他們根本用不到；我還有閒暇時間可以打視訊電話給好友，他吵架後吐槽丈夫，我也推波助瀾，結果人家和好後，我反而很尷尬。

不可思議的是，時間越多我越懶，從前忙到擠時間健身，閒下來後整個人軟趴趴的，只想窩進沙發裡，兩個星期胖三公斤，馬甲線很快就消失了。

我變得人人嫌棄，大家又不好意思明著說我，幸虧最後那點自知之明督促我趕緊結束放假，恢復忙碌，然後所有問題都消失了。

很多煩惱的確是閒出來的。心裡太閒，頭腦就有胡思亂想的空地；身體長期放鬆懈怠，精神也容易萎靡。就像機器，越運轉越靈敏，越停滯問題越多，停久了或許徹底報廢。當行動不局限在瑣碎的一人一事，當生活高效運轉，當工作累積成就之後，人的狀態都會煥然一新。

作家余華老師說：「奮鬥就是為了躺平，為了過著不被鬧鐘叫醒的日子。」我喜歡這種幽默的鬆弛感，但他說的「躺平」並不是無目標地閒散混日子，而是用自己的節奏去生活。

第十章
自在

91 收起「無能的憤怒」

我曾經為自己在公開場合的情緒失控付出特別高的代價。

那是一位公認難打交道的客戶，方案修改幾十遍仍然不滿意，合約談判十幾次毫無推進，但他的業務量占部門總量近一半。想起自己辛苦付出卻毫無收穫，我既委屈又生氣，在電話裡大聲對他說：「你的要求特別沒道理，你也特別變態，別以為甲方了不起，我不伺候了！」說完，狠狠摔掉電話，瞬間覺得過癮。

但是這種過癮很快被絕望所覆蓋，我趴在辦公桌上哭了起來，直到同事遞衛生紙給我，我才想起來這是一間開放式的大辦公室，當時我已經是一個二十六歲的成年女性，行為很不得體。

很快，我對客戶發火的事傳開了，上司直接找我問責，負責人找我談話，鑒於我的「不成熟」，部門準備把這個客戶調整給別人。客戶本人也繪聲繪色把我們交鋒的對話轉述給同行，我成了本事不大卻脾氣不小的笑話。

我的情緒化既無法推進工作也改變不了客戶的傲慢，還把自己扔進坑裡，平靜之後，我不止一次後悔——我圖什麼呢？——於是我冷靜下來換個方式處理問題。

這位客戶的上級是決策人，他的下屬是執行人，雖然不如他直接，但他這條路不通啊，我只能繞道，繞道以後，我真的把事情辦好了。我獲得了他上司的認可，並且和他的下屬相處融洽，決策者和執行人都開了綠燈，他的紅燈也不好意思一直亮著，最終對我放行。而我，學會了一句話：「**沒有收拾殘局的能力，就不要放縱自己的情緒**。」

情緒化是我對世界毫無辦法之後的發洩，解決不了問題卻燒光了自己的清醒，燒壞了別人對我的印象。搞不定可以繞道，繞不過去還可以放棄，放手有時是及時止損，甚至是另一個高效的開始。

有種脾氣叫「無能的憤怒」，宣洩出來解決不了問題，對事情毫無正面推動，卻充滿負面影響，假如對方不理會還顯得你特別無能，我們應該要克制這種純粹的情緒發洩，試著把憤怒調成靜音模式，冷靜地表達出來，理智地思考對策，才是「有價值的憤怒」。

92 唯有平視，才能看見真實的自己

愛爾蘭劇作家蕭伯納有三件經典逸事。

第一件，蕭伯納成名後家裡賓客雲集，苦於應付。某天，英王喬治六世登門拜訪文豪，寒暄之後，由於興趣愛好差異太大，兩人很快無話可說。蕭伯納目測喬治六世仍沒有離開的打算，於是慢慢拿出懷錶，一直盯著錶，直到英王不得不辭別。後來，有人問他喜不喜歡喬治六世，蕭伯納說：「當然，在他告辭的時候，確實使我高興了一下。」

這件事的風趣在於蕭伯納的態度，即便無趣的人是國王，他也不會刻意尬聊，用阿諛奉承來為國王圓場。

第二件，蕭伯納到當時的蘇聯訪問，在街頭遇見一位可愛的小女孩，忍不住陪他一起玩。臨別時，蕭伯納對小女孩說：「回去告訴你媽媽，今天和你玩的是世界著名的文學家蕭伯納。」

結果小女孩學著蕭伯納的語氣答：「回去告訴你媽媽，今天和你玩的是蘇聯小女孩卡嘉。」據說蕭伯納對這件事有很大的感觸，馬上意識到自己無意間流露出的傲慢，後來把這事當作自嘲說給朋友。

第三件，蕭伯納收到一封孩子的來信，寫道：「您是一位最讓我佩服的作家，為了表達我對您的敬仰之情，我打算以您的名字來命名我心愛的小獅子，牠是我過生日時親戚送給我的，不知尊意如何？」

這封信的問題和語氣都相當調皮，帶著模仿成人的、半生不熟的禮儀，蕭伯納回信：「親愛的孩子，讀了你的信，頗覺風趣盎然，我十分贊同你的主意。不過，最主要的一點，你務必和小獅子商量一下。」

這封信，真正讓我看到了孩子和蕭伯納都有的「平視」姿態。

平視很難。身居高位願意平視別人，不做高姿態，需要自知和修養；身處低處能夠平視自己，不覺低人一等，需要自信和勇氣。

就像楊絳先生說的：「無論人生上到哪一層臺階，階下有人在仰望你，階上亦有人在俯視你，你抬頭自卑，低頭自得，**唯有平視，才能看見真實的自己**。」

93 該放棄，就放棄

一位讀者對我說，他很不喜歡現在的財務工作，覺得只有寫小說才能讓敏感的他快樂，猶豫要不要放棄當會計，當個職業小說家。

我特別理解，從前我是個生活記者，在菜場抄菜價的時候也不快樂，但是喜歡寫小說與適合寫小說之間，隔著南半球和北半球的距離。

這兩年有個很爭議的話題，大意是北京大學一位女學霸進入演藝圈卻發展得平庸，甚至維持生活都困難，只好回到家鄉。和其他同學相比，他沒有在學業和事業之路走向卓越；和演藝明星相比，他沒有在娛樂圈闖開天地。

他也自嘲，自己慢慢提升了演技之後，又發現娛樂圈沒有社交恐懼症患者的立足之地，他只能點頭笑一笑，連飯局上跟別人敬酒都感到尷尬無措，但入了這一行沒辦法，只能逼自己拉下臉面去推銷自己。

北京記者「孟大明白」說：「穩定、冷靜是好學生和殺手的要素，卻是明星的大忌。」

好演員入戲快，多少都有點人來瘋，甚至「不正常」。即便內向如梁朝偉，也曾在當年無線電視（TVB）台慶上表演過用門牙拉小貨車，在上海師範大學謝晉影視藝術學院的表演訓練中，學員模仿貓貓、狗狗甚至大猩猩都是家常便飯。

我跟一位表演老師聊天——他渾身都是戲那種，我逗他：「你在愛情這方面從來沒有不自信嗎？」

他馬上小腰一扭，脖子一挺：「那怎麼可能不自信，我們天天練的不就是愛與恨、美麗與哀愁？」又認真補充：「入戲就是這樣，得戀愛成癖，比生活誇張，舉手投足都是戲。」

我除了寫文章也拍短影音，很多作家不好意思在鏡頭前表達自我，我還挺敢講、敢演。但是當我和真正的演員在一起，這個落差感太大——人家瞬間進入狀態，不像我，需要搞半天的心理建設。

採訪陝文投集團董事長賈軼群時，我提到普通人並不覺得很多藝人有多漂亮，他直截了當說：「藝人最吸引人的叫『表現力』不是『漂亮』。」

確切地說，我們覺得演員漂亮或者與眾不同，大多來自他的表現力。如果在普通人裡找漂亮女孩，按照三庭五眼的臉部比例和身材比例也有不少，但跟演員站在一起立刻見分曉。就像周迅，他的「少女感」絕不是演的，那是對生命體驗感特別強，自帶一股清澈單純、略神經質的靈氣，作家這個職業也一樣。

我幾位寫小說的朋友跟我通電話時痛哭流涕，都是因為把自己小說的主角寫死掉了，好捨不得他死啊。嘖嘖，真是錐心痛骨。

我自己從小極度情緒化，對別人的情緒也很敏感，十幾歲看《紅樓夢》，常常哭得上氣不接下氣。講一段年輕時矯情造作的黑歷史：我大學的第一次戀愛無疾而終，日日沉浸於失戀，茶飯學習皆不思。我們宿舍一共八個人，七位好心室友每天陪我出去走一趟，就為了看守住我，怕我輕生或者抑鬱。

他們都高，只有我矮，走在一起就像七個白雪公主在帶一個小矮人散步。整個學期過去，書本完全沒看，什麼都考不及格。只有寫作課，前面四十分的填空題我一題都沒寫，光寫六十分的作文，而且也沒按照老師的題目寫，就寫我的失戀，過程怎樣，心路如何跌宕。結果，寫作老師給我一個作文滿分，剛好及格。

老師認真找我談話，說：「我被你的文字所打動，你在寫作上可以試一試。」

後來，我到報社當社會新聞記者，寫得不好，因為代入感太強，很容易被某個弱者打動，稿子寫得跟神力女超人一樣鋤強扶弱。財經也不行，我的稿件總被認為含有過於澎湃的個人情感，後來被送去菜場抄菜價。

直到我當了家居版主編，寫廣告意味濃厚的人物專訪，如魚得水——受訪者的確希望帶著個人對他無限的欣賞，飽含情感地寫出來。

我輕易做到了，不僅寫稿被欣賞，連採訪都無比愉快。一位平時不苟言笑的創辦人跟我說：「筱懿，你有空就來陪我吃中飯，跟你吃飯我都覺得香。」

其實，我真的沒有什麼討好技能，我就是共情能力特別強——你說的這些，我都懂，對對對，我明白，嗚嗚嗚，我陪你哭。

創業以後，我見過很多投資人，他們很好奇：一個職業作家怎麼創業開公司？你應該是神神道道的那種人啊？

是的，創業讓我沒有從前那麼情緒化和神經質，也磨損掉我很多寫作的樂趣，我被要求變成「情緒穩定的中年人」。

我很慶幸能靠寫作吃飯，但是當我見到另外一位年長我二十歲的作家前輩，立刻被他的專業知識震驚。他猶如行動的搜尋引擎，隨便一句名言立刻接出下一句，甚至能夠大段原文一字不漏背誦，他充滿天賦，又無比勤奮，真是令人自卑。

有些東西不是刻苦努力能達到的，假如多次嘗試依然失敗，那麼該放棄就要放棄，人找到適合自己的方向，結果截然不同。

好演員一定是學霸嗎？學霸就一定能成為好演員嗎？不是。

娛樂圈經常整理學霸明星的優缺，也不過建立在他們已經成名的現實之上。有些好演員、大明星的確是熬出來的，我理解對這種事最不出錯的評論，就是鼓勵每個人都追求自己的夢想，但我不想這麼講。

我想說：適不適合吃這行飯，三年通常有分曉。只有一個成功的過來人才能告訴大眾「我堅持了二十年」。正因為是小機率事件才會被放大，成為憶苦思甜的勳章。更多不適合、不走運的人，都在二十年當中被淘汰。

如果有足夠的熱愛，無須為吃穿發愁，還能一直接受失敗，當然可以想做就做什麼。但普通人很難，沒有豐衣足食的安全感打底，不要輕易從事藝術、文學、音樂、創作……這些職業。

經常有朋友想改行寫作，諮詢我意見，我會問：「你心情不好的時候能寫嗎？能寫急件嗎？能寫完全陌生的題材嗎……」

答案都是：「不能。」

咳，如果靠這個吃飯，要保證付出一定要有收穫才行。

文章開頭的那位讀者聽我說了那麼多，現在依然待在會計的崗位上。

大多數成年人，都將活得務實，略無趣，略保守，適度保持夢想。

這其實才是大部分的人生啊。

94　一位爸爸對三個女兒的期望

在養育女孩這件事上，有一個朋友兼合作夥伴——老董對我有很大的啟發。

他有三個女兒，年紀分別是十四歲、十歲和五歲。去年冬天我到他公司開會，會議間隙茶歇，老董的大女兒敲門進來說：「爸爸，我的年夜飯計劃做好啦！」

他露出老父親的微笑看著女兒：「好啊，現在正好休息，你說給爸爸聽聽。」

當時會議室裡有十來個人，三三兩兩各自組合聊天，略吵。但小女孩既沒受到干擾也不怯生，左手拿著小本子，右手拿隻筆，開始陳述年夜飯的安排。從家庭成員的邀請情況說起，然後是如何根據人數、距離和預算選擇飯店，再到訂包廂、訂桌菜還有後續娛樂安排，井井有條，考慮得十分周全。老董用自己的手機計算器估算了一下，說：「你這個清單算下來超過預算好幾百塊呢。」

小女孩不緊不慢回答：「因為我在飯店的樓上預留了一間客房，爸爸你還記得去年年夜飯舅舅喝醉嗎？假如今年有類似的狀況，可以在樓上休息，如果沒有呢，我們孩子可以在房間裡瘋玩一會兒。這個錢不能從年夜飯費用裡扣除；還有你們的酒水很難預測，不像我們孩子的飲料，所以房間和酒水這兩項得另外算，這樣看，預算並沒有超過。」

我有點吃驚，即便是大人做這件事，精細程度也不過如此了吧。

開完會，我特地問老董：「怎麼把女兒培養得這麼有規劃還務實？」

他笑笑說：「因為我希望他們未來有錢啊。」

我半開玩笑半好奇地道：「別的父母要麼希望孩子成績好，要麼希望他們多才多藝、快樂成長，怎麼你單期望他們有錢？你的事業已經不小，他們三姐妹的家庭狀況算是富裕了，你別這麼俗氣。」

老董很認真地說：「我可以毫無保留地愛自己的女兒們，但不代表他們長大一定能遇到毫無保留愛他們的另一半。我可以把財產留給他們，但不代表他們就能富足地過一生，人爭取財富和守住財富都要靠本事。成績好、漂亮、能否遇到好老公這些在我看來都是錦上添花，不是最重要的。我最看重的是，他們從小有健康的金錢觀和事業觀，既包括怎麼去賺錢，也包括如何在有限的財富水準下過得舒心。這樣即便他們今後沒有令人羨慕的美貌，沒有白頭偕老的愛情，憑自己本事賺的錢也能為他們的人生買單。」

老董的態度讓我感觸良多，所有父母都希望兒女心想事成，而我們又都明白完美的人生並不存在。所謂「父母之愛子，則為之計深遠」，他的想法聽起來或許有些悲觀，卻是一個歷經磨礪的中年人內心的清醒。

我追問：「你覺得賺多少錢才算有錢？這樣要求女兒會不會太辛苦和功利？」

他說：「『有錢』是個被比較出來的概念，賺多少錢都會有比你更富有的人，關鍵是能不能豐儉由人地過好這輩子。所以我平常會訓練他們對金錢的敏銳程度，比如家庭聚會，我給大女兒撥預算，讓他用自己的方式把聚餐辦好，每次的金額不一樣，有時多、有時少，有時在飯店、有時在家，同樣是一頓飯，看他能不能做到讓自己和家人滿意，這就是豐儉由人。二女兒具備對物品價格的概念，知道自己願意在哪些東西上多花點錢，在哪些方面要節約。兩個姐姐是『過來人』，他們瞭解怎麼帶小女兒從玩兒童版大富翁遊戲開始，逐漸有財商的意識。筱懿，我可以這麼說吧，有金錢觀和事業觀的孩子成績不至於太差。」

這是我聽過對有女兒的家庭來說，非常務實的教育觀點。

後來又有一次，我和老董夫妻吃飯，他的二女兒特地叫上姐姐，從隔壁便利商店買了果汁、可樂之類飲品，我問小女孩：「幹嘛不從飯店拿？飲料還挺重的。」小女孩回答：「媽媽說，飯店的飲品和便利商店一樣，價格卻有可能貴一倍，自己帶更節省。」

我雖然知道老董的教育方式，但還是略吃驚——財務意識已經潛移默化在小女孩的日常行為裡，習慣成自然了。各種社交媒體都有炫富的帖子和言論，以我有限的認知，凡是在健康而富裕家庭成長的女孩，凡是父母白手起家合規致富的家庭，孩子都不會把炫耀和奢侈當作光榮。

我很認同老董的觀點：假如一個女孩能夠憑藉自己的本事賺錢，並且守住錢，那麼他的眼界、品德和綜合能力，都不會太差。

95　向誰能借到三十萬救命？

電影《送我上青雲》中，女記者盛男被查出患有卵巢癌，需要三十萬人民幣治病救命，但這三十萬從哪裡來呢？

父母給？離異的父母各自面臨困境，都無法拿出三十萬。

朋友借？他向朋友四毛開口借錢，四毛問：「治病這三十萬，你還差多少？」

盛男說：「我有三萬多。」

四毛表情複雜地說：「你這不是借，你這就是窮！」

這時，電影院爆出笑聲，一語道破真相，還有點冷幽默。

十八年前我是都市報記者，採訪一位英雄市民，他看到有女孩跳河立刻縱身躍進水裡救人，救人之前他正推著嬰兒車，裡面坐著一歲多的女兒。結果皆大歡喜，跳河的女孩被救起，全家感謝、社會表彰、媒體報導撲面而來，女英雄接連很長時間都在接受報紙和電視的採訪。

我去採訪時，他剛剛送走一批人，我是當天最後一個，因為年齡相仿，我也沒吃飯，就在他那裡泡了兩份泡麵，他一碗、我一碗，邊吃邊聊。

我問他：「你跳進河裡救人是怎麼想的？」

他答：「我什麼也來不及想啊，本能就跳下去了。」

我有點好奇：「如果讓你多想一會兒呢？」

可能是過度採訪讓人疲憊，也可能是吃麵讓人放鬆，他沉默片刻說：「如果多想一會兒我不一定去救人，畢竟我的孩子還在車上，旁邊沒有熟人，萬一我跳下去之後孩子被人抱走了怎麼辦？萬一我游泳技術沒有我想像中的好，沒辦法把這女孩救上來，兩個人都沉底了怎麼辦？那我裡外不是人！」

這種回答很不「英雄」，我說：「你是不是想多了。」

「女英雄」突然放下筷子哭起來：「不是我想多了，這是事實，因為我老公就是這樣反問我的！他說你怎麼那麼傻大膽啊，把自己的孩子放在一邊去救人，萬一出點意外，你後悔一輩子啊！我仔細想完真的後怕！」

當時，我看著他聳動的肩膀，不知道怎樣安慰，但我沒有按照他的真實想法寫稿，我幫他寫了一份內心擁有光明的心境，一個被親人鼓勵和認同的氛圍。

大多數觀眾更願意接受沒有瑕疵、無所畏懼的英雄，而現實中的我們都膽小。

大約十八年前，我遇到芳芳，他與我年齡相仿，每天笑得陽光燦爛，對世界完全不設防似的。有一次聊起「生病」話題，我說自己是個悲觀的理想主義者，生怕疾病替自己和家人增加負擔，除了醫療保險還買了商業保險。

芳芳笑話我：「你也太焦慮了，我們那麼年輕哪有機會生那麼嚴重的病？再說真生病了，誰還借不到三十萬救命？」

一語成讖。

芳芳三十歲時因為乳癌去世，朋友們在他病中都包了禮金，但是沒有人真的借三十萬，因為他也沒有開口，他默默賣了唯一的房子，著實無望之後停止治療。

我還記得有一次去看他，他說：「真到生了重病才知道，根本不好意思向別人借錢，既怕自己沒機會還也怕被拒絕，終了連朋友都做得尷尬。」

芳芳病的時間很長，走的時候親友都覺得既難過也解脫。

久病床前，難有孝子。

長年瑣碎，消耗恩愛；終日陰霾，哪有陽光，這種現實和我們想像中的場景落差有點大，但這才是真實的人性：每個人都有可能在不知情的情況下被迫接受某種事物，不能指望依託別人。

96 承認別人優秀，自己同樣優秀

瑞典國寶級演員英格麗．褒曼憑藉在《東方快車謀殺案》中的表演，獲得奧斯卡最佳女配角獎，而與他共同角逐這個獎項的意大利演員瓦倫蒂娜．科蒂斯也對獲獎充滿期待，名單公布後，甚至無法掩飾自己的失落。

當英格麗．褒曼登臺接過獎盃時，大多數人都以為，作為獲獎者，褒曼會喋喋不休談論自己的激動，意外的是，他說：「其實，我覺得瓦倫蒂娜．科蒂斯一直比我表現得更優秀，他也是我最喜歡的演員之一，真正的獲獎者應該是他。」緊接著他轉向瓦倫蒂娜．科蒂斯，真誠地說：「原諒我，瓦倫蒂娜．科蒂斯，我事先並沒有信心獲勝。」這句話低調謙遜，關鍵是語氣中的誠懇，對方瞬間流淚，兩位實力演員深深擁抱。

我喜歡的演員袁泉和馬伊琍之間有一段類似的對話。

他們在《我的前半生》裡扮演閨蜜，總被觀眾比較演技，主持人問袁泉：「你怎麼評價馬伊琍？」

袁泉回答：「他很完美，認真對待每一場戲，是一個內心強大且集善良、美麗於一身的女人。」

後來，袁泉憑藉《我的前半生》獲獎，楊瀾在採訪中問馬伊琍：「你覺得袁泉在閨蜜、女人和演員這三個角色當中，哪一個做得最好？」

馬伊琍大氣地說：「演員。」

楊瀾追問：「他不是一個更好的閨蜜嗎？」

馬伊琍滿眼欣賞地回答：「他在舞臺上、在螢幕上的光彩，已經掩蓋了一切。一個女人在某一方面能做到那麼好，已經無憾了。」

其實真正的強者，對於別人的優秀將報以肯定和欣賞，不會捧高踩低、揭他人的短處用來彰顯自己的聰明和優越，能夠放眼別人的長處，鼓勵自己進步。這樣的欣賞背後，是相信自己也能行的底氣，還有容人的雅量。

有底氣和雅量，人的幸福感會強一些，畢竟，別人不會因為你的貶低而變得糟糕，你卻會因為嫉妒而感到壓抑、難受，這有點得不償失。

97 人性的「不可能三角」

經濟學上有一個「不可能三角」理論，一九九九年由美國麻省理工學院教授保羅．克魯曼提出，核心含義是：一個國家不可能同時實現資本流動自由、貨幣政策的獨立性和匯率的穩定性。也就是說，一個國家只能擁有其中兩項，而不能同時擁有三項。如果允許資本流動，又要求擁有獨立的貨幣政策，那麼就難以保持匯率的穩定。如果要求匯率穩定和資本流動，就必須放棄獨立的貨幣政策。

其實，這個理論的表達核心意思是：多方博弈中，必須有所捨棄。

這個理論被借用過來，產生人性的「不可能三角」：金錢、名氣和權力幾乎是每個人走進社會後的目標，但是這三者能獲得一項已經是幸運；獲得兩項必須付出高處不勝寒的代價；如果三項都想要，那就太貪心，結局往往竹籃打水一場空，什麼都得不到。

同樣，還有「男人不可能三角」：男人不可能同時滿足帥、有錢、專一這三個特點，如果同時滿足多半是愛情詐騙。

女人也有「不可能三角」：既漂亮，又經濟獨立，還不作，這三個點幾乎無法同時出現在一個女人身上，世界上沒有田螺姑娘。

你看，人生是什麼？就是別想著「既要……又要……還要……」——別想著好處都占全。

98　婚姻裡的尊嚴

在法庭上，男方用非常刻薄的語言，爭奪孩子的撫養權，他說：「我學歷比你高，有利於孩子教育；我有收入，你沒有，你多年沒有工作，脫離社會；我是本地戶口，孩子馬上要上小學了，你是外地戶口，離婚後大概要回老家，孩子也不可能跟著你走，換生長環境對孩子不利；我有房，你沒有……」

女方一直低著頭，被男方和男方律師逼到無話可說。

最後，法官問女方：「你有意見要發表嗎？」

他才緩緩抬起頭，很小聲說：「我今天生日，你說話能不能留點情面？」

這是一位律師朋友告訴我的故事，聽了特別難過。

另一位律師朋友嚴嫣在採訪時，說了一個推翻我認知的現象。

離婚案件的處理過程中，八週歲以上的孩子有權表達自己的意願，選擇是跟隨父親或者母親生活，孩子通常會選擇跟誰呢？

大多數人覺得會選擇跟媽媽，其實並不是。

嚴媽說：「可能我的話讓人覺得涼薄，但孩子不完全出於情感，很多時候出於幼小動物生存的本能，選擇經濟能力更強的人。法官會在釋明的時候告訴我們，孩子非常理性，說『我如果跟著媽媽，媽媽經濟條件不好，我會害了他。』這個回答又心酸，又心疼——不僅對孩子，也對那些在離婚時堅持「只要孩子其他都不要」的媽媽們。

嚴媽說，女方自己的經濟狀況好壞和他在離婚當中是主動還是被動有很重要的關係。假如女性有獨立的經濟能力，並且相信自己可以駕馭人生，就更敢於面對婚姻的挫敗。但是如果他不自信，哪怕有收入，也會選擇「我再放一放，我不急於面對它」，等到對方已經採取了很多準備措施之後，他才發現自己再也放不下去了。

我問嚴媽：「男人和女人在面對離婚時，思緒有什麼不同？」

他回答：「男人面對離婚，不管出於怎樣的初衷和衝動，最終他思考的一定是自己的發展和未來的生存；女人面對離婚，會比男人更在意離婚這件事情帶給自己的社會評價。關於婚姻、關於家庭，男人並沒有那麼在乎，認為這是人生必須完成的一個目標，可是女人極其在乎，對此傾注幾乎所有情感。」

我承認，這是一個讓人難過的回答。

婚姻裡的尊嚴並不是別人給的，而是來自自己的謀劃——有時是收入，有時是協議，有時是共識，有時是遇見一個善良人的運氣。

99 人性能有多複雜——許慧的故事

化名：許慧
年齡：三十二歲（當時）
職業：財務
採訪時間：二〇一八年十月十六日星期二下午四點三十分
地點：鄭州

許慧剛走進飯店大廳，我就確定這是在微信中跟我聊了很久的那個女人，雖然從未見過他的照片——他的頭像是一種特別常見的花卉，朋友圈沒有任何訊息，他對話口吻爽辣、快人快語，按理說這樣天生乾脆俐落的女人不會在社交網路上毫無資訊，但是許慧真的沒有，他像在刻意隱藏或者是極力克制。

他走到我面前，穿著淺灰色的褲裝和一件印花絲綢襯衫，灰色的中跟皮鞋纖塵不染，手提包和鞋子很搭配，長髮簡單挽在腦後，瘦、高，骨骼嶙峋，很有主見、有氣魄、要強的樣子，我突然湧起一股心疼：這個女人在生活中一定很累吧。

我衝他伸出手：「我是筱懿，你好，許慧。」

他伸出手，很熱，坐下之後帶著初次見面的不自在，問了一句：「是不是很多人找你說自己的情感故事？」

我說：「是的，這是我工作的一部分，和任何職業一樣，其實並不特別。我不會打斷你，你覺得不想說就隨時停下，我們約定的時間是兩小時，假如沒有說完，歡迎傳訊息給我補充。」

他喝了一口杯中的紅茶，坐直身體並且向我的方向更加靠近一些：「是我留言約你聊，所以，沒有什麼要隱瞞。」

於是，許慧開始講，敘述非常流暢，猶如這件事情他已經打了若干次腹稿。

（以下使用第一人稱）

我這輩子大約不會忘記那一天。那一天，我陪孩子的爸爸去醫院做電腦斷層掃描（CT），他之前查出甲型胎兒蛋白陽性，醫生說以後不能抽煙喝酒，不然可能轉為肝硬化甚至肝癌，所以我特別不放心，一直催他、陪他去查。我們結婚五年多，孩子四歲，他是業績優秀的銷售總監，但是平時應酬太多，健康隱患也大。

我們起初是照普通CT，出來之後在醫院工作的好友把我叫到一邊，說：「還是照個增強CT吧。」

我心裡「匡噹」一聲，腿都軟了，拉著他問：「到底有什麼問題？」他說：「狀況不太好，等做完增強CT再說。」

我眼前一片模糊，像隔著淚網一般望了一眼遠處的李毅——這是孩子爸爸的名字，我們雖然早已不像戀愛和新婚時那麼親密，卻久已是骨肉相連的親人，我害怕得腿直發抖。

我陪他在手臂上打了顯影劑，然後又是漫長的掃描和漫長的等待。

大約過了幾小時，好友打電話叫我去拿結果：右肝葉有好大一塊黑色的陰影，直接確診肝癌晚期。

我像幻聽一樣腦袋嗡嗡作響，不太能聽清楚好友的話，只能拼湊一些關鍵字：「肝癌是癌中之王，很難發現也很難治療，常規療法無非四種手段——手術切除、放療、化療和肝移植。手術切除的時機已經錯過，放療、化療病沒好，人先受一大把罪，如果經濟條件特別好就考慮肝移植，風險也很大，首先要有肝源，其次是手術成功移植上去的肝能存活，第三是後續排斥反應……」基本上，是宣布了李毅的生命可能不超過六個月。

我不記得自己過了多久才平靜下來，狀況已經到這個地步，隱瞞還有意義嗎？可是我應該怎麼告訴李毅——親愛的，你確診肝癌晚期，最多還有半年？他會什麼反應？怎麼給他治療？

這些都不適合在醫院說，我決定回家詳談，路上也有思考的時間。

他像以往一樣開車，我卻異常安靜。我是個直腸子女人，藏不住話，也不是多能控制住情緒。李毅不同，他做銷售多年，特別擅長察言觀色，他看出我的反常，一路開得心情沉重。

我盡量沒話找話跟他說幾句，窗外的景色像一幀幀畫面不停往後倒，到達社區門口，我看到牆裡聳立的香樟樹，突然想到那年我們買房時手頭緊張，原本沒打算買這麼好的社區，但我太喜歡這裡的房型和滿院子的香樟味。那天，李毅在我臉上親了一口，叫我不要擔心錢，娶我就是為了讓我過好日子，他這個自尊心那麼強的男人，從朋友處借了四十萬。

這些年，我們都很努力，他的職位和收入不斷提升，我做財務，是公司財務經理，管理小家庭自然不在話下，日子越來越好，我們還和父母一起買了另外一套小一點但學區更好的房子，為孩子將來上學備用。

剛結婚時我們特別黏，我家住在十樓，從廚房的窗戶正好望見社區的主幹道，我下班通常比他早，只要他不應酬回家吃晚飯，我就繞了一個大遠路去買他特別愛吃的那家滷牛肉，路程幾乎是正常回家時間的兩倍。我在公車上緊緊抱著滷牛肉，就像捧著一個驚喜，滿心都是他回來誇菜好吃的神情。

你知道從心上甜到喉嚨的感覺嗎？那時我就是。我回家炒菜，過幾分鐘就撲到窗戶邊看看他有沒有從外面走回家。我們當時還沒有車，覺得最圓滿的日子就是有房、有車、有孩子，有他有我。有幾次，我看見他往家走，我立刻奔出門躲到樓層電梯旁邊，他一出電梯，我就撲上去。

每次，他都把我抱個凌空。

許慧在說到這段甜蜜往事時，聲音和表情都沒有起伏，猶如一個專業而幹練的播報員在報新聞。我聽過很多傷心的女人描繪以往的愛情，他們的狀態會立刻變得不一樣——容光煥發，但許慧不同，他好像僅僅是在鋪陳，便於迅速過渡到下一個情節。

我在車上回憶那些細碎片段，眼淚默默流下來，我居然沒有意識到自己落淚，還是李毅對我說：「別哭，回家好好說。」

和大多數家庭一樣，有了孩子之後，生活既嘈雜又平靜，嘈雜是因為孩子帶來無窮瑣事，平靜則是由於人一輩子就被這麼定型了，我從未想過改變，也默認李毅不會改變，我可能有兩年沒有買過滷牛肉給他了吧，因為要買給孩子的東西更多。

假如平靜是幸福，那我們就是幸福的。可是現在，幸福被打碎了。

我艱難地拿出CT資料，對李毅說了實話。他窩在沙發裡，不說話，腿在無聲發抖，他把手指插進頭髮裡，把手機放在桌上。突然，他快速站起身，奔進洗手間，我聽見門被反鎖的聲音，之後是嘔吐聲和壓抑的哭聲。

在此之前，我從來不知道人在突然遭遇打擊時會想吐，直到後來，我自己也經歷了一次。

我的心被心疼李毅的情緒揉得四分五裂。

這時，他的手機響了一下，幾個不大的字在我眼裡卻格外觸目：「寶貝，在醫院狀況還好嗎？想你。」

我以為自己出現幻覺，拿起李毅的手機——即便之前我從未想過看他的手機。他設了密碼，我試了他的生日、兒子的生日都不對，像心電感應一樣，我試了社區棟號和樓號，解鎖了。

那是一個年輕女孩的頭像，留著長髮，溫柔而可愛，我突然想到，「好嫁風」大約說的就是這類的女孩，我這輩子都不可能變成那樣，我是新時代教育出來的獨立女性，有點硬。

我看著自己今天被確診為肝癌的丈夫和女孩的聊天紀錄，從對話可以看出，女孩很年輕，二十四、五歲，在一家和李毅有業務往來的公司，兩人每天晚上都要在微信裡親親抱抱之後才能入睡，從時間看，李毅是躺在我的身邊傳那些訊息的。

即便這麼黏，李毅除了出差也從來沒有夜不歸宿，他對兒子很有耐心，是周遭公認的好爸爸。

我不知道李毅什麼時候從洗手間出來，看到我正在一頁一頁翻看他的手機。

他站在我對面，我從沙發上仰頭望著他。

空氣像在我們之間凝固。

許慧說到這裡，停頓了很久，我不想打擾他，我們之間出現了長久而寂靜的停頓。他捧著茶杯的手不斷旋轉著杯子，身體依舊坐得筆直，他抿了下嘴唇，抱歉地乾笑了下：「筱懿，我以為自己已經在心裡說了那麼多遍早就無感了，結果胃裡還是一陣翻騰，居然有想吐的感覺。事情過去那麼久，我依舊覺得受傷，雖然後來很多人說我也傷害了他。」

許慧放下茶杯，眼睛向飯店外無意識張望了一會兒，繼續。

我聽見自己的聲音：「我們一起面對治療，你跟他斷。」

我簡直不敢相信那是我的聲音，像從一個遙遠的地方傳來，空洞而沉悶。

李毅沒有說話，他「嗯」了一聲，坐在我旁邊，很久，突然說：「治療應該已經沒有意義了吧，我查一下醫療保險能負擔哪些藥，不想以後拖累你和聰聰。」

聰聰是我們兒子的名字。

他拿起手機，對我說：「以後能不看我手機嗎？」

我答：「你刪掉他，我就不會看。」

他說：「可是我們有業務往來。」

我壓住怒氣說：「可是你們不止有業務往來。」

李毅看了眼手機，狠狠地舉起來，手在半空突然又放下，改成丟起一只茶杯，重重地摔在地上，「啪」的一聲，玻璃四濺，有幾個碎片濺到我腿上，微微刺痛。

這是我們結婚時閨蜜送的一對義大利玻璃杯，我們一人一只，都很喜歡，現在他寧願摔了杯子也要護住手機。

我起身去找吸塵器，從怔怔的他身邊走過，說：「我原諒你，因為你病了。」

我仔仔細細打掃房間，四歲的聰聰經常喜歡坐在地上玩，我不想傷到孩子。

李毅的病比預期更重，腫瘤已經十一．六公分大，失去治療的機會，在醫院住了四天，好友悄悄說住院也沒有太大意義，讓我帶他回家，他剩下的日子不多了，大概就三到六個月。

好友拍拍我：「對他好一點，他很為你和聰聰著想，老跟我說不能報銷的藥盡量不要用，錢留給活著的人，生病最能看出人性了，他這人真不錯。」

是的，李毅真不錯。我聽著非常諷刺。

最近去醫院都是我開車，他在副駕駛偷偷按掉一個電話，直覺告訴我，一定和那個女孩有關。那天之後，我們裝作什麼都沒有發生，他照常上班，我照常上班帶孩子，我們還沒有考慮好用什麼方式把病情告訴父母。

每晚睡覺之前，他會拉拉我的手，我也沒有逃開，木然地讓他握著。我心裡有「愛」嗎？說不清楚，但是我知道有「責任」。可是，我再有責任，我也不能容忍自己的丈夫和另外一個女人曖昧，哪怕他得了肝癌。

我把車靠邊停下，對李毅說：「是他的電話？可以給我看一下你的手機嗎？」

李毅不說話，也沒有交出手機。

我去搶，他躲，我使出全身力氣扭著他的手，一邊扭一邊流淚，眼睛直直盯著他，他和我對視，突然鬆下所有力氣，我搶到了手機，打開對話：

「寶貝，我昨天抱著你買的包又哭了一個晚上，心疼你！」

「包你喜歡嗎？上次你說了很久，我一直記得。」

「喜歡，就是太貴了，你現在花錢治病，別亂買東西。」

「其實沒多少時間陪你了，想給你留點紀念。」

「不要，我只要你，我明天中午定飯店，讓我抱抱你、親親你，好不好。」

我沒有勇氣多看，翻了女孩的朋友圈，看到一只大牌包的新款，女孩曬得很隨意，青春而憂鬱的背影，配上隱隱約約的包。

李毅說：「慧慧，如果我沒有得肝癌，我就和他斷了，其實知道自己生病後，我立刻提出跟他斷，他哭成那樣，說如果時間不多了，為什麼不能成全這段感情？真的，我也捨不得，我和他是日久生情，從工作關係發展到這一步也不想再瞞你。我不再治病就是想把多一點錢留給你和聰聰，我父母工作穩定，不用煩惱養老，你帶著聰聰，以後有時間多回去看看他們。如果你想再嫁人，就把孩子給他們帶，都行。他才二十五歲，沒有男朋友，我都這個樣子了，也不算是拖累他，就是互相給個安慰吧。」

我衝著李毅大聲說：「從你生病到現在，你關心過我嗎？你理解我既發現你生病同時知道你出軌的心情嗎？我四處打聽治病，猶豫著怎麼開口對老人說，每天接送孩子，我看過你手機之後，不是不想跟你談，而是心疼你的病。可是你，真正從感情上把我當成老婆心疼過嗎？」

車內狹小的空間充斥著複雜的尷尬，我的眼淚堵都堵不住，從指縫裡不斷傾瀉出來，我說：「你的病瞞不住，我們這兩天找個時間跟雙方父母都說了吧，週末聰聰不上幼稚園沒人帶不方便。」

四位老人在我家客廳圍成一個圓，李毅媽媽已經哭得不行，爸爸勉強撐住他，我父母表情木然。

我接著說：「在知道李毅生病那天，我也知道他出軌，而且，他沒有打算和那個女孩斷。」

李毅從椅子上倏地站起來：「慧慧，你說這個幹嘛？」

我說：「都到這時候了，還有必要隱瞞嗎？爸爸、媽媽，我想和李毅離婚，不是因為他的病，是因為他出軌而且不準備分手，讓我一邊照顧他一邊看著他和別人談戀愛，我做不到。」

我婆婆立刻不哭了：「他都這樣了，你這不是催他早死？」

我說：「我是一個正常女人，因為李毅的狀況我就得包容隱忍，爛在肚子裡，這對我又公平嗎？我工作上要求每一筆帳都清清楚楚，回到家裡也沒有心力對著那麼一攤爛帳。」

我媽難以置信地看著李毅：「你還出軌了？在這個時候？你怎麼有精力啊！」

李毅臉上是顏面掃地的絕望，我媽媽的眼裡只有他被出軌的女兒，我婆婆的眼裡只有他得肝癌的兒子，因為立場不同，老人都選擇了他們覺得最值得同情的那個部分，呼天搶地，在我家亂成一團。

我和李毅隔著嘈雜對視，反而很安靜，他同意我的解決方法：兩套房子現在住的這套歸我，所有現金存款和另外一套房子給他，孩子歸我。那套房子有簡單的傢俱，這套房子讓孩子上幼兒園方便，所以我幫他收拾好東西，搬到另外一套房子。

搬家那天，「好嫁風」女孩來了，李毅自由了，所以他們完全不必掩蓋，親暱的小動作不斷。李毅的父母也來了，他們無視我這樣狠心腸的女人，故意對女孩很是親切。

我的前婆婆臨走時對我說：「看看人家小女孩多善良！做人要善良。」

我笑笑，沒說話。

是啊，他多善良。

但我不要這種複雜的善良，我只想活得清清爽爽。

在李毅最後的時間，我們商量不希望孩子那麼小對生離死別留下太多記憶，我們騙聰聰爸爸出差了，到後來就說爸爸生病得安靜休養，所以住在另外一個家裡請阿姨照顧。每次我把孩子送過去，爺爺、奶奶都在小房子裡陪著李毅和「好嫁風」女孩，親親熱熱像一家人，如果不是生病，還真的挺幸福。

聰聰也說：「那個照顧爸爸的阿姨好漂亮呀，他還會親親爸爸。」

李毅的身體惡化很快，先是肚子脹痛，脹得像充氣過度的皮球，聽說每天要上二、三十次廁所，晚上連續睡兩個小時都做不到。

李毅惡化的病情顯得女孩越發的可貴以及我的特別不寬容——中國式的八大寬容包括：大過年的、人都死了、來都來了、都不容易、還是孩子、歲數大了、為了你好、習慣就好。

如果遇到這八種事不寬容，輿論大機率不會放過你。我成了一個「狠心」的前妻，李毅成了一個深情的丈夫和男朋友，介入我們婚姻的第三者成了一個值得同情的善良女孩。

李毅的病和去世美化了他的出軌，讓這件事變得幾乎可歌可泣起來。我想說，照顧病人四個月挺難的，可是獨自養大一個孩子容易嗎？挺過婚姻的背叛很容易嗎？

李毅走的那天，我送孩子到醫院見了爸爸最後一面，但我沒有進去。

那間病房埋葬的不僅是我的前夫，更是我的愛情和家庭，還有我對人的信任。

從此我變得不愛與人交往，害怕聽到別人的評價，害怕自己的價值觀與社會不同，我不發朋友圈，隱藏自己，下班就回家帶孩子。

我從來沒有去過李毅的墓地，他最後的時光像一把刀，斬斷了我們的過去。但我不阻止兒子去，每次爺爺、奶奶帶他去墓地看爸爸，他回來都是忐忑：怕看了爸爸就是背叛媽媽，又怕不看爸爸就是「沒良心」。

其實我毫不在意，我對兒子說：「孩子，媽媽是大人，你是小朋友，不要委屈自己，媽媽都理解，都明白，媽媽愛你。」

現在，距離這篇採訪已經過去了五年。

許慧依舊單身，聰聰已十歲，陽光快樂，母子感情非常好。

我曾問許慧是否會再婚，他說：「不考慮。」

100　人性能有多複雜——夏盈的故事

化名：夏盈
年齡：三十二歲（當時）
職業：教師
採訪時間：二〇一八年六月二十日星期三晚上七點整
地點：瀋陽

夏盈看起來不像高大爽朗的北方女人，他嬌小苗條，表情柔和，話音清脆，不帶任何口音的標準普通話，語速略快。他的衣著不時髦，但很注意材質和細節，沒有佩戴多少首飾，只在左手的無名指上圈著一只樸素的婚戒，左手腕上一只品牌不錯的手錶，說話之前先微笑。禮貌但是絕不生分和客套，很有分寸感，讓人願意親近，他的職業也不難猜，看起來就是教師或公務員之類工作非常穩定規律的女子。

他見到我，說一點沒有陌生的感覺，因為他總是看我的文章，猶如老友重逢而不是初次見面。

我和丈夫是初戀、初婚。從十八歲到現在，戀愛六年，結婚八年，為人父母六年。轉眼間，居然已經在一起十四年，時間又長又快。

你如果問我：「幸福嗎？」

我會說：「幸福的。」

你如果問我：「膩嗎？對別的男人好奇嗎？」

我嘴上否認心裡卻誠實：「當然膩，當然好奇。」

這是人性。

並不會心甘情願滿足於眼前的小確幸，偶爾分歧吵架時更會想：別人的生活什麼樣？如果不和他在一起，又是另一種選擇吧。

我出生在普通家庭，媽媽也是老師，爸爸是公務員，從小就被教育好好學習、天天向上，戀愛唯一的啟蒙是：不許未成年戀愛。剛上大學就遇見丈夫，我們是校友，我學歷史，他學哲學，彼此都是初戀，他第一次追的女孩就是我，我既然不懂拒絕，那就答應了，可多麼動心也未必，不過是少女對愛情的新鮮和憧憬。

大家總以為女人是愛上某個男人，其實未必，女人是愛上愛情本身，那個男人不過是愛情的工具人，不是他還會有別人，而且差別未必大。

我還記得大學裡他陪我一起吃學餐、裝水，每天拎著我的水瓶拉著我的手慢慢走回宿舍，晚上接我用課本占座位，一起晚自習，週末在學校或者附近看電影，寒暑假回到各自的家裡城市，每天通電話。

我們都是尋常家庭的平凡男女，並無懸念與特別，大學畢業我考了研究所，後來留校當輔導員，他則考上公務員，按部就班地工作升職。

我們都是本省人，留在省會工作順理成章。在雙方父母的支援下買房、結婚、生子，逐漸活成中國最穩定、最中堅的人口。有時候我想，假如老了要寫點回憶，這些經歷估計一張紙就寫完了。

相比熱烈和浪漫，我和老公的婚姻戀愛模式或許是大多數人的常態。

我從來沒想過，自己這樣傳統的女人會動了「出軌」的念頭。

有一次，幾個朋友聊天時提到洪晃曾經寫過一篇文章〈女人一生睡多少男人算「值」〉，數量標準是：0＝白活了、1＝虧；2～3＝傳統、3～5＝正常、5～10＝夠本、10～15＝有點忙、15～20＝有點亂、20～30＝有點累、30～50＝過於開放，大家開玩笑自己活得都在虧和傳統之間。

看得出來，雖然都擁有常人眼中的幸福，但各有不甘和不滿，婚姻制度很有意思，既維護了愛情的穩定，又讓人總想突破這種穩定。

意外的是，突破的機會和對象很快來了。

我大學時的班長到瀋陽出差，作為唯一留校的同學，我盡地主之誼請吃飯，席間大家開玩笑說，如果不是老公當年下手快，追求我的人就是班長了，說者無意、聽者有心，我敏感地察覺班長的眼神和我一樣有點異樣，我們都有些說不上是遺憾還是期待的情緒。

飯後，我順路送班長回飯店，他自然而然地打開車門，坐在副駕的位置，我心裡輕輕顫動了一下。多年來，這是專屬老公的座位，我心理界限特別強，不能容忍不夠熟悉的人，尤其是異性超越八十公分的安全距離，但是那天，我沒有拒絕。

我輕車熟路地排檔，班長輕輕說：「很多年沒來過瀋陽，我們稍微轉兩圈吧，比如到張學良和趙四小姐當年住的北陵別墅附近。」

我默默按照他的意見開車。

他的氣息讓我產生別樣的陶醉，不是菸酒味，是男性時而清澈、時而濁重的性感味道。男女之間最初的吸引，最重要的原因不是相貌身材也不是物質需要，而是身體所散發出的氣息。他的氣息讓我既緊張又放鬆，既躁動又羞澀，既不安又期待，這不一定是愛情，但一定是動情。

我們一路經過很多熟悉的地方，回憶它們當初的樣子，談話熱烈而默契，車裡流淌著古早的小野麗莎〈可愛的你〉，我的心情很像音樂的節奏，歡樂愉快。

我沒有放任這種歡樂愉快，晚上十一點，我把他送回飯店。他站在飯店門前向我伸出手說：「謝謝款待。」我猶豫地把手放進他手裡，他用力握了握，接著說：「下次給我個機會款待你。」

我心裡一驚，下次？不太敢深想，一踩油門匆匆別過。

十一點我到家，家中一片安寧，老公留了燈給我。

我在燈下平靜了十分鐘，洗漱睡覺，卻是一晚失眠。

我的生活有了一絲變化。

每天早晨七點，班長都會在微信裡向我問候早安，我們不時告訴對方自己當天做了什麼，心情如何，有哪些趣事，雖然瀋陽和他所在的廣州現實距離遙遠，心理距離卻十分近，他在情緒上參與著我的生活，照料著我的感受。

打敗婚姻的並不是愛情的消失，而是注意力的轉移。婚後，家庭瑣事、孩子、工作、老人占據了大量精力，夫妻更像並肩解決問題的同事或者合夥人，對彼此的關注不再基於愛意，而是現實的考量，就連做愛都是為了滿足需求，而不是情感的表達。當家庭成為經濟實體卻不是感情聯繫，只是事與事的應對，而不是情與情的體貼時，人——尤其女人——會非常失落。

有一天，班長在微信裡說：「春花爛漫，我們選個中間城市，比如去武漢看櫻花吧。」

我這種連出差都很難得的人心裡一驚。

我活得太規矩，這個年齡，上有老、下有小，工作穩定到呆板，前路一望便知十年甚至二十年後的方向與終點是安逸、穩定也是無趣。這樣的日子裡，人會突然生出一種不想總是當個規規矩矩的好人，只圖一個爽氣的衝動。

我沒有立刻回覆，想了一整天，晚上快下班才發出一個「好」字，他立刻回：「我來安排！！！」給我三個大大的驚嘆號。

很快，他傳來了機票、飯店和行程資訊——他訂了兩間房，我輕輕吐了口氣。

我是人人放心的好員工、好妻子、好媽媽，去武漢的藉口容易找也容易信，意外的是，老公居然請假送我去機場。

臨行前一晚，他特地比平時更早回來吃飯，陪我一起收拾行李，不過走三天，卻怕我走丟似的千叮嚀、萬囑咐。看著他在燈下檢查行李箱中的零碎小物，我心情特別複雜，甚至有一瞬間想，不去了吧，去了如果發生控制不住的事怎麼辦？

可是，人總有叛逆期，不在少年，便在中年，甚至老年。那一刻，我被叛逆感深深抓住，總想體驗一把從未經歷的場景和感受，總想這世界上還有和丈夫不一樣的男人吧？

老公送我去機場，一路沒有音樂，也沒有風趣的對話，我們兩個自然而然聊著今年長假帶孩子去哪兒玩，雙方老人怎樣在一起聚聚，部門同事的相處如何以及最近的理財產品。

這些細節無趣，但是安穩踏實。

他細心地拎著我的行李幫我辦登機，送我進安檢口，揮揮手才離開。

我帶了一本書在飛機上看，卻一個字也沒看進去。

班長的航班先到，已準時在出口等我，我臉上一熱，低頭迎上去，他接過我的行李，手試探性地碰了我的手，我沒有拒絕，於是他緊緊牽住。

車迅速開往飯店，他一直拉著我的手不放，我們談起過去的同學，他毫不留情地對所謂不成功的幾位做了別致的挖苦，我很不喜歡他狂傲的口氣，默默把手抽回來說：「過得好是能力，但也是幸運。」

他沒想到我的冷淡，愣了，空氣稍微有點僵。

到達飯店，我們各自入住，約好中午一起吃飯。

我在房間化妝、換衣服，絲毫沒有做了壞事的興奮，眼前全是老公、兒子的影子，甚至因為班長這個人近在眼前，似乎隨手可得，一切都變得不那麼讓人期待。

午餐時，他照顧著我的情緒，挑起各種話題，但是我似乎特別不知趣地把話題往他的家庭上引，最後，他很無奈地承認，和妻子關係還是不錯的，絕對沒有深仇大恨和實質矛盾，就是平凡日子過久了，想開個小差透點氣。

不想離婚，更不想和我有特別的未來和責任。

我為他的誠實非常有誠意地笑了，我們甚至開誠布公交流對各種問題的看法，我絲毫不討好、不掩飾自己的真實態度，他最後詫異地放下筷子，認真地問：「為什麼你和微信裡完全不同？我一直以為你是個溫和的女人，真沒想到還挺犀利。」

對，我一直外柔內剛，拗得很，只有不瞭解的人誤以為我溫柔。

坦率地說，班長比丈夫有趣得多，可是我並不是很喜歡有趣的男人。「有趣」在情感上的確可以快速吸引女人的注意力，可是這種吸引更多的是一時的好奇和新穎，生活不可能永遠歷久彌新，一對關係穩固的男女，無論情人或友人，更需要共同面對重複、煩瑣、枯燥、忙碌的日常，新鮮感很短暫，得靠距離和驚喜去維繫，但長久的人生卻更需要一個人有踏實、認真、務實、責任心，這些都比「有趣」更有分量。

越對比，我越覺得我老公這個人特別難得，挺可愛的。

這頓午飯吃下來，我和班長都對接下來的時光失去期待，甚至覺得，怎樣才能打發完這兩天啊。

我真心勸想出軌的男女先多聊聊天，不要在昏暗的深夜裡聊感情，而是在白天聊價值觀，聊完再決定要不要上床，很多人聊完後連面都不想見，更別說上床了。可是，大部分人正好反過來，戀愛太慢熱，上床的速度卻太快，甚至以脫衣服的速度去結了婚，所以很多人後悔。

接下來的兩天，我們禮貌客氣地對待彼此，我把武漢到處逛了一遍，在飯店看了三部電影，猶如給自己放了小長假，元氣滿滿。

臨別，我買了一個很漂亮的胸針給班長的妻子，遞給他說：「女人總是期待有禮物和驚喜，別讓他失望。」然後執意把我那部分費用轉給他，逼他收下。

做完這一切，我輕鬆登機，心裡雀躍著要回家。

丈夫帶著兒子等在機場，兒子見我飛快撲過來，老公拿起我的行李自然牽住我的手，那一瞬間，我覺得，只睡過一個男人，也很夠本。

有些燈下情，必然見光死。

絕大多數普通人的幸福，都來自常情和常態。

故事化和刺激性確實吸引人，但是，大多數人接得住瞬間，卻接不住長久。

我願意，認認真真地，和一個人戀愛無數次，而不是找很多人只戀愛一次。

雖然隔著好幾年，我依然記得夏盈講完後，很抱歉地笑起來：「唉，給你講了一個出軌未遂的平淡故事，真不好意思啊。」

不，我很喜歡聽平淡的故事，讓我覺得更真實，也會更有信心。

夏盈後來又生了個女兒，一家四口，平凡忙亂，其樂融融。

後記　不與糟糕的事情對抗

禪院裡，小和尚看到一棵枯萎的小樹，難過地問禪師：「我該怎麼救活它？」

禪師說：「別救，讓它自由離開。」

小和尚說：「師傅，我原以為你是善良的人，沒想到你這麼無情。」

他心疼小樹，每天堅持澆水，一週後，樹葉依然落光，樹幹也斷了。

小和尚難過不已，禪師說：「拔掉枯樹，種上花草吧。」

小和尚種了花草，一週之後，花草長出綠芽，他高興地告訴禪師：「師父，發芽了！」

禪師笑而不語，小和尚恍然大悟。

生活中那些糟糕的事，就像一棵枯樹，無論用多大的力氣都無法改變結局。

白居易曾寫：「大都好物不堅牢，彩雲易散琉璃脆。」這句楊絳先生也喜歡，就像他在《我們仨》中說：「愛的時候，學會相互依靠，學會柔軟，在愛漸去漸遠的時候，也能心存愛意，滿懷希望地繼續漂亮生活。女子生性本弱，保持獨立便是我們行走世間的鎧甲，也是我們進退自如的瀟灑，要懂得：這世間，再怎麼疼愛兒女的父母，總有一天會老去，會離你而去；再怎麼手足情深的兄弟姐妹，總有一天也會各自成家；再怎麼恩愛的夫妻，走到人生末途的時候，總有人會先走；再怎麼孝順的兒女，等羽翼豐滿的時候，也會遠走高飛。」

他與丈夫錢鐘書相伴六十四年，錢先生於一九九八年八十八歲離開，尤其難過的是，一九九七年，老夫妻的獨生女兒錢媛先一步病逝。當年深感時日不多的錢媛內心對母親楊絳深深地愧疚，覺得自己受了母親一生疼愛，沒來得及報恩，卻要棄媽媽先去。

他寫了一首小詩：「牛兒不吃草，想把娘恩報。願采忘憂花，藉此謝娘生。」

我每每讀到這詩，總情不自禁流淚。

兩年內先後送走獨生女兒和丈夫，楊絳先生又獨自生活了十八年。錢媛臨走前畫了營養飲食的食譜給媽媽，楊絳很「聽話」，他嚴格控制膳食，少吃油膩，喜歡買了大棒骨敲碎煮湯，再將湯煮黑木耳，每天一小碗，保持骨骼硬朗。

高齡後，他堅持每天慢走七千步，直到一百歲還能彎腰將手碰到地面，或許他是以這種方式告慰女兒：「我活得很好，不必擔心。」

二〇〇三年，《我們仨》出版，這本書原計劃一家三口每人寫一部分，可是女兒和丈夫相繼離世，楊絳先生便獨自一人完成了對三個人的回憶。

百歲之後，他依然堅持伏案寫作，他說：「我一個人來思念我們仨。」而他的寫作習慣一直保持到二〇一六年他一百〇四歲離開。

原本，人不必比較誰的難處更難，因為任何人都會遇到糟糕的事，可是我們總是忍不住打量誰的苦難更深重，誰的委屈更難言，誰的疼痛更錐心，我們在無意中放大自己的感受，認為自己才是天地間最委屈的那個，這種情緒其實就是在和糟糕的事情對抗。

德國心理學家伯特．海靈格有首詩叫作〈允許一切發生〉，他說：

「情緒只是身體上的覺受，本無好壞。

越是抗拒，越是強烈。

若我覺得不應該出現這樣的情緒，

傷害的，只是自己。

我唯一能做的，就是允許。」

讓過去的過去，讓未來的到來，順其自然，江河溪流都是順勢而生，蜿蜒曲折就是它們的軌跡。很多時候，傷害我們的並不是命運的無常和別人的無情，而是自己內心的不甘和執念。

允許一切發生，才有通透自在。

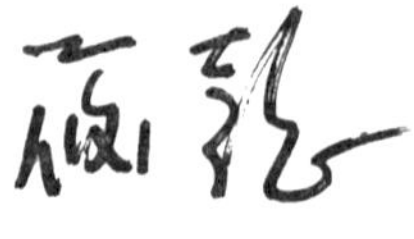

高寶書版集團
gobooks.com.tw

NW 289
活得越通透，靈魂越自在

作　　者　李筱懿
主　　編　林子鈺
責任編輯　高如玫
封面設計　林政嘉
內頁排版　賴姵均
企　　劃　陳玟璇

發 行 人　朱凱蕾
出　　版　英屬維京群島商高寶國際有限公司台灣分公司
　　　　　Global Group Holdings, Ltd.
地　　址　台北市內湖區洲子街88號3樓
網　　址　gobooks.com.tw
電　　話　(02) 27992788
電　　郵　readers@gobooks.com.tw（讀者服務部）
傳　　真　出版部(02) 27990909　行銷部(02) 27993088
郵政劃撥　19394552
戶　　名　英屬維京群島商高寶國際有限公司台灣分公司
發　　行　英屬維京群島商高寶國際有限公司台灣分公司
法律顧問　永然聯合法律事務所
初版日期　2024年08月

原書名：自在：關於生活智慧的100個基本

國家圖書館出版品預行編目(CIP)資料

活得越通透，靈魂越自在/李筱懿著. -- 初版. -- 臺北市：英屬維京群島商高寶國際有限公司台灣分公司, 2024.08
　面；　公分. --

ISBN 978-626-402-045-9（平裝）

1.CST：自我肯定　2.CST：自我實現
3.CST：生活指導

177.2　　113010878